蔣偉男 編著

學苑出版社

里耶秦簡文字編

第貳冊

里耶秦簡文字編·卷八上

人

0837

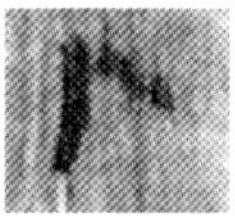

5-18 大奴一人

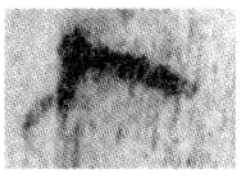

7-67+9-631第一欄 令史廿八人

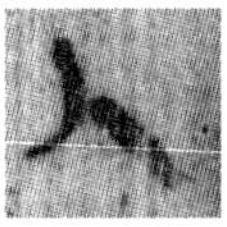

8-72背 一人病

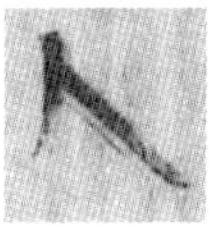

8-141正+8-668正 一人

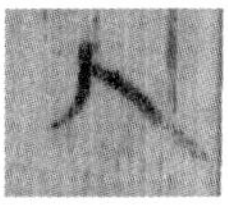

9-43 高里戶人

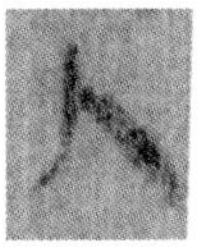

9-762 稾人

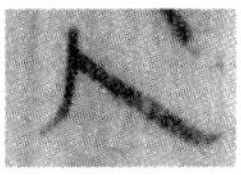

12-10b 越人

僮

0838

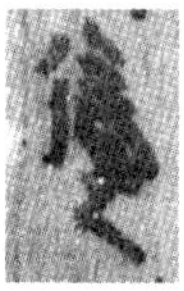

8-2102　☐□僮☐　按：辭例殘缺。

倗

0839

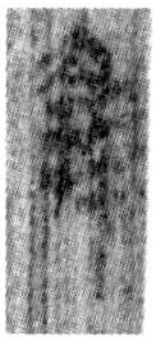

8-980　糴倗　按：「倗」，《釋文》釋「𢍏」，《校釋》釋「倗」。語義不詳。

佗

0840

8-201背　尉佗　按：「佗」，人名

8-1435背　☐佗佗佗人敄刋釗　按：習字簡。

8-1435背　☐佗佗佗人敄刋釗　按：習字簡。

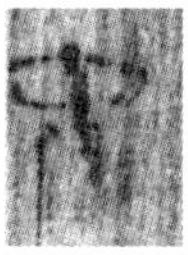

8-1697　佗手　按：「佗」，人名。

8-2319　☐劾令史佗☐　按：「佗」，人名。

何

0841

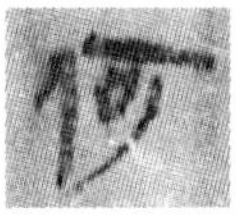

8-135正　何故

8-1069正+8-1434正+8-1520正　何、最、交　按：「何」，人名。

8-1792　何解

8-2256　☐就欲以何避☐

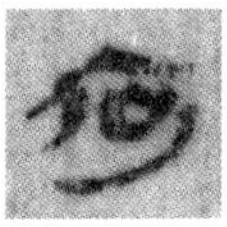

9-3a　不智（知）何縣署

10-1594a　何有☐　按：辭例殘缺。

儋

0842

9-2294a+9-2305a+8-145正第六欄　五人墼：婢、般、橐、南、儋　按：「儋」，人名。

9-10a　儋手　按：「儋」，人名。

9-12b　儋手　按：「儋」，人名。

備

0843

8-63正　事荅不備

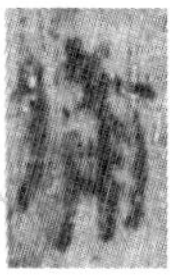

8-2008正第二欄　一人輸備弓：具

8-64正+8-2010正　日備轉除以受錢

8-2106　☐遷陵有以令除亢佐日備者

9-1112b　謹備

16-2　不備

偕

0844

8-1558正　☐□溫與養隸臣獲偕之蓬傳

俱

0845

8-50+8-422　☐丞遷移酉陽、臨沅，俱☐

按：「俱」，似為人名。《釋文》釋「㑷」，《校釋》釋「得」。

8-452 司空守俱 按：「俱」，人名。

8-1751+8-2207 令佐俱 按：「俱」，人名。

8-824+8-1974 司空守俱 按：「俱」，人名。

8-2093+8-2180 司空守俱 按：「俱」，人名。

8-891+8-933+8-2204 令佐俱 按：「俱」，人名。

傳

0846

8-758 不傳于奏

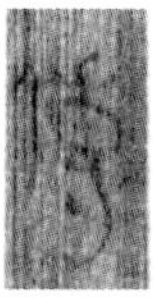

8-2021背 ⍁謁之傳叔簡直□談室 按：語義不詳。

倚

0847

8-1872　歙□倚□　按：辭例殘缺。

侍

0848

8-143正+8-69正+8-2161正　侍食羸病馬橆（無）小　按：「無小」，馬名。

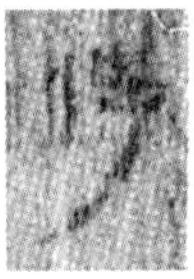

8-754正+8-1007正　侍廷

付

0849

8-29+8-371　付洞庭都☐

8-63正　計付

8-1023　付郪少內金錢

8-1824　付都鄉守

9-3a　計付

伍

0850

5-3背 ☐夏伍人□□

按：辭例殘缺。

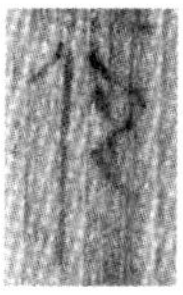

8-23 ☐宇伍長

什

0851

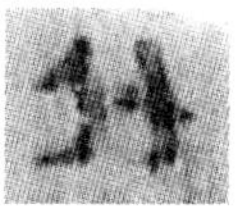

8-439+8-519+8-537+8-1899 什長嘉

作

0852

7-304a 作官府課

8-355 好本事不好末作

8-1385 ☐室田作☐

按：辭例殘缺。

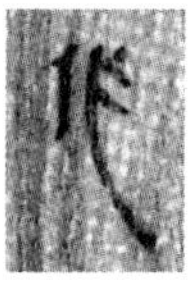

8-1069背+8-1434背+8-1520背 作徒日薄（簿）一牒

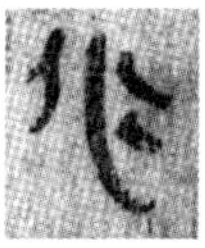

8-1559正 作徒薄

9-10a　陽陵叔作士五（伍）勝白有貲錢

假

0853

6-4　假船二㮴

8-135正　假遷陵公船一

8-349　☐□假追盜敦長更戍☐

8-1560正　以律令假養

傛

0854

9-712a+9-758a　以洞庭傛（矦）印　按：「傛」，通「矦」。

8-461正第二欄　內矦爲輪（倫）傛（矦）　按：「傛」，通「矦」。

償 0855

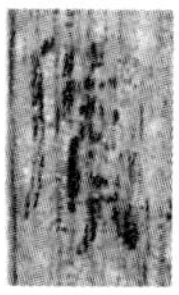

8-644正　負償

8-1008+8-1461正+8-1532　自償

12-2301　受償

代 0856

8-197正　未得其代　按：「代」，替代。

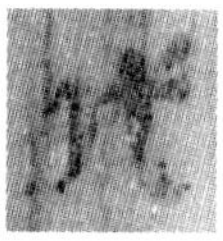

8-528正+8-532正+8-674正　代人　按：「代」，地名。

8-604　疑未有代☐

便 0857

8-141正+8-668正　不參不便

任 0858

8-75正+8-166正+8-485正　繆任不在遷陵　按：「繆」，人名。

俗

0859

8-355　習俗

8-355　習俗

使

0860

8-197正　居吏柀（頗）繇使及▨

8-220　▨爰書走使□▨

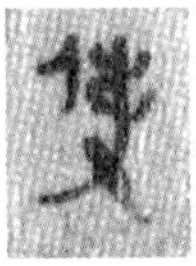

8-448+8-1360　▨堂出稟使小隸臣就

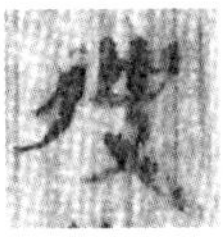

8-1580　稟人援出稟使小隸臣壽

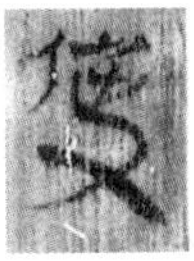

8-1850　▨問使者

14-469　繇使

傳

0861

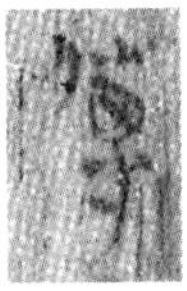

8-255　遷陵傳洞庭

8-673背+8-2002背　報遺之傳書

8-1649　傳⊘　按：辭例殘缺。

9-712a+9-758a　各以道次傳

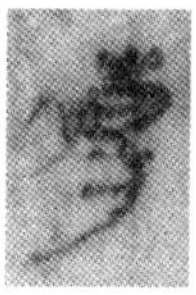

16-6a　傳送

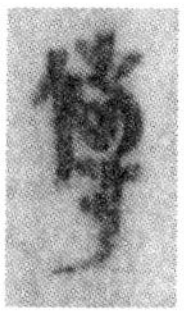

16-6a　傳之

傿 0862

8-1263　己亥朔丙寅，傿□⊘　按：辭例殘缺。

偏 0863

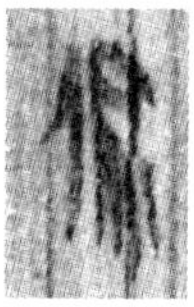

8-766　令史偏視平　按：「偏」，人名。

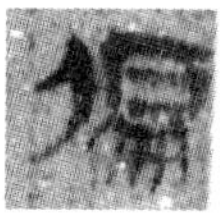

8-2151+8-2169　司空守偏⊘　按：「偏」，人名。

佁 0864

8-273+8-520　牢人佁　按：「佁」，人名。

8-959+8-1291　走佁以來　按：「佁」，人名。

8-1829　走佁以來　按：「佁」，人名。

8-2210　☐臣稺、曰佁、曰郃　按：「佁」，人名。

僞

0865

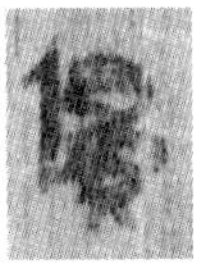

8-209正　詐僞

偃

0866

8-1496正　辤曰：偃署毋龍亭，往☐　按：「偃」，人名。

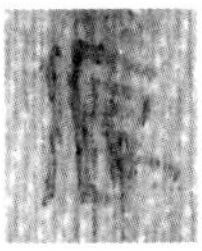

8-1953+8-1989　☐□詰偃，偃何亭署　按：「偃」，人名。

傷

0867

8-1057　治令金傷毋癰方

8-1256　☐子嬰傷小男子姁令

8-297+8-1600 傷一人

9-2064 子小女子傷 按：「傷」，人名。

伏 0868

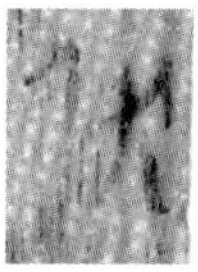

8-707 □伏狀▨ 按：似為習字簡。

係 0869

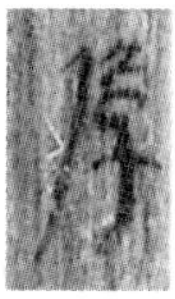

8-1485背 閒閒絲係孫孫▨ 按：習字簡。

伐 0870

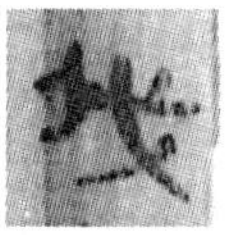

8-269第一欄 伐閱

8-2144+8-2146第二欄 一人伐牘□▨

咎 0871

8-651背 隸妾咎 按：「咎」，人名。

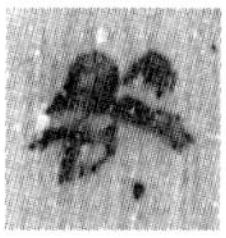

8-918 爲求得婺其產咎，安成不更李□▨

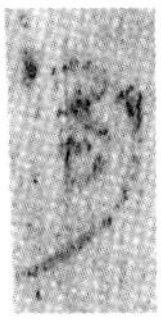

8-1437背　貉閻咎有有　按：習字簡。

僰

0872

8-60正+8-656正+8-665正+8-748正　僰道　按：「僰道」，地名。

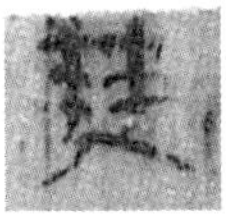

8-60正+8-656正+8-665正+8-748正　僰道　按：「僰道」，地名。

8-60背+8-656背+8-665背+8-748背　僰道　按：「僰道」，地名。

件

0873

8-529背　大二件將☑　按：語義不詳。

8-2112　☑各一件□☑　按：字形略殘。

仗
0874

8-801 仗城旦

8-1143+8-1631 第一欄 仗城旦

8-1278+8-1757 第二欄 仗城旦

佐
0875

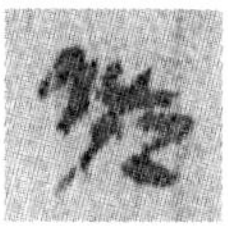
8-63 正 佐州里煩故爲公田吏

8-142 背 佐初□▨

8-175 背 佐午

8-1793 令佐尙視平

7-304b 倉佐尙

12-849a 佐頯

住
0876

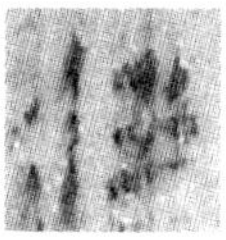
8-2259 正 ▨□日住□▨ 按：辭例殘缺。

俉
0877

8-140 背 俉手 按：「俉」，人名。

偞

0878

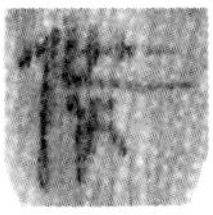

8-1442背　欲欲欲欲湛偞　按：習字簡。

偂

0879

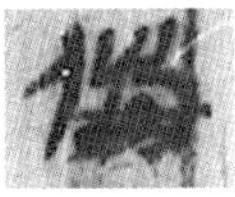

8-140正　尉守偂　按：「偂」，人名。

8-2101第二欄　二人付田：偂、嬰　按：「偂」，人名。

僳

0880

8-839+8-901+8-926　僳（稟）人　按：「僳」，通「稟」。

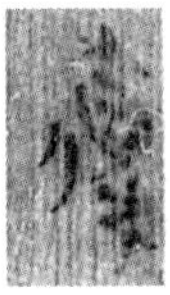

8-1031　僳（稟）人　按：「僳」，通「稟」。

眞 眞 0881

8-133正　真簿　按：「真」，《釋文》釋「茸」，《校釋》釋「真」。

8-66正+8-208正　真書　按：「真」，《釋文》、《校釋》釋「真」。

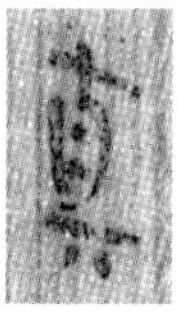

8-648正　真書

8-653正　上真見兵會九月朔日守府

8-60正+8-656正+8-665正+8-748正　真書

8-1954　真書

16-2　真〈直〉錢　按：「真」，《博物館校訂》以為「直」之誤字。

頃 0882

8-1519背 田九頃

8-1519背 田廿六頃

8-1519背 田七十頃

匘 0883

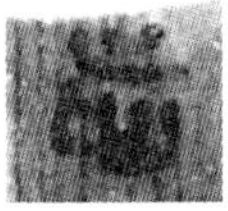

8-860 匘□斗一升□⧄ 按：「匘」，《校釋》疑讀為「稬」。

8-1027 下妻匘⧄ 按：「匘」，人名。

8-1145 匘一石五斗 按：「匘」，《校釋》疑讀為「稬」。

卬 0884

8-735背 ⧄卬卬⧄ 按：「卬」，《釋文》釋「卯」，《校釋》釋「卬」。

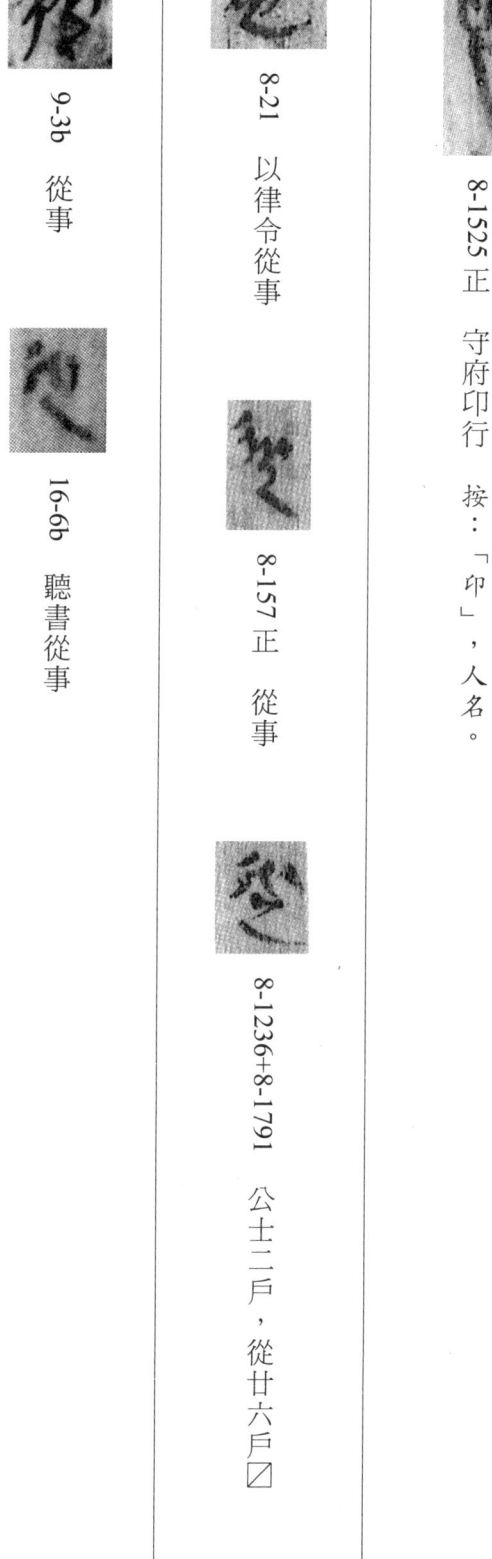

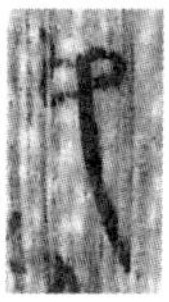
8-735背　☐卬卬☐　按：「卬」，《釋文》釋「卯」，《校釋》釋「卬」。

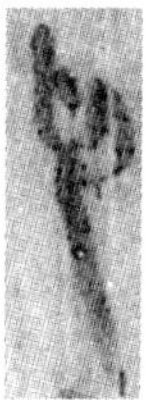
8-1525正　守府卬行　按：「卬」，人名。

從

0885

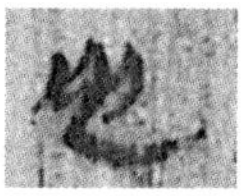
8-21　以律令從事

8-157正　從事

8-1236+8-1791　公士二戶，從廿六戶☐

9-3b　從事

16-6b　聽書從事

幵

0886

8-224+8-412+8-1415　御使案讎更幵

8-763　大隸妾幵　按：「幵」，人名。

8-1221　三物幷和

比

0887

8-1047　各自爲比

北

0888

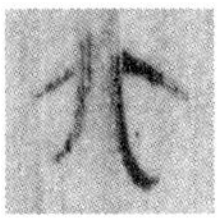

9-14a　在故步北，恒以爲桑田

丘

0889

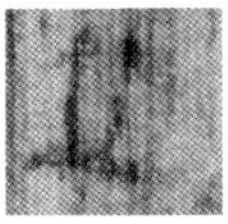

17-14a　□陽到頓丘百八十四里　按：「頓丘」，地名。

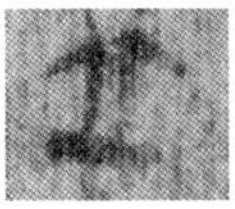

17-14a　頓丘到虛百卌六里　按：「頓丘」，地名。

虛

0890

17-14a 頓丘到虛百卌六里 按：「虛」，地名。

17-14a 虛到衍氏百九十五里 按：「虛」，地名。

眾

0891

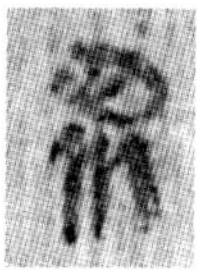
8-1555正第一欄 爲[illegible]陽眾陽鄉佐 按：「眾陽」，地名。

聚

0892

8-1069正+8-1434正+8-1520正 頡、徐、娃、聚 按：「聚」，人名。

徵

0893

8-657正 有物故當辟徵遝☐

8-1441背 繇繇徵 按：習字簡。

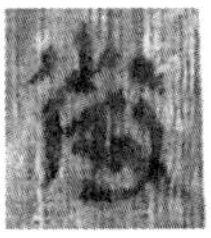

8-2027正　今尉徵說以爲求盜☑

朢

0894

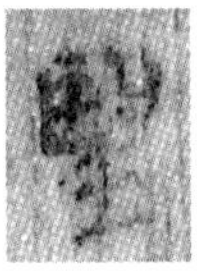

8-67正+8-652正　九月朢

8-2153　☑辰朢令徒周□☑

重

0895

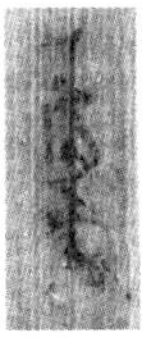

8-1015　☑重者毆☑　按：辭例殘缺。

8-1418+8-1133　其罪節（即）重若益輕

8-2155　☑重卻書☑　按：辭例殘缺。

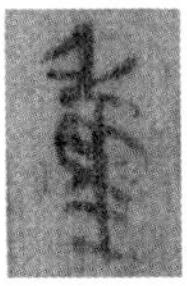

9-1138　歙水十一升乾重八

16-5b　重聽書從事

臥

0896

9-2352a 西首右臥

監

0897

8-45+8-270 牢監

8-141正+8-668正 丞、正、監

8-881+8-1572 令史華監

8-1055+8-1579 令史歡監

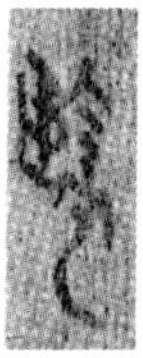

8-891+8-933+8-2204 令佐俱監

11-34 洞庭監御史

臨

0898

8-695正 臨沅 按：「臨沅」，地名。

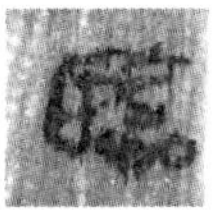

8-855 臨沅 按：「臨沅」，地名。

8-970　臨沅　按：「臨沅」，地名。

8-867+8-1722　臨沅　按：「臨沅」，地名。

9-712a+9-758a　臨沅　按：「臨沅」，地名。

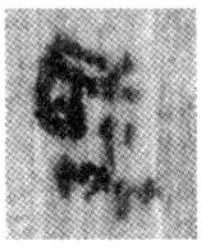

12-2301　臨邛　按：「臨邛」，地名。

身

0899

8-225+8-302+8-1339+8-1786　天雨血，賜有病身疾

殷

0900

8-666背+8-2006背　隸臣殷　按：「殷」，人名。

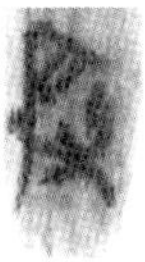

8-2063　遷陵少內殷☐　按：「殷」，人名。

衣

0901

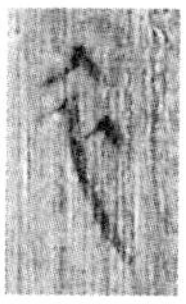

6-7 當爲徒隸買衣

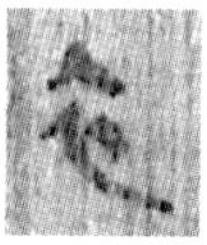

8-894 衣服

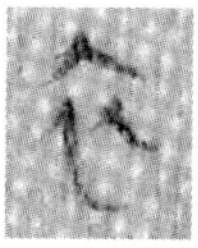

8-1552 戍卒喿（操）衣器詣廷

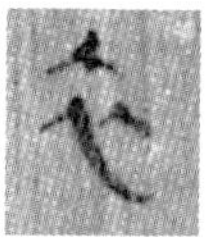

8-1554 禾稼衣器錢

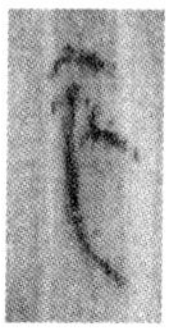

12-2301 冬夏衣

16-886a 衣用

衺

0902

8-2147 ☐當衺職者謹衺☐

8-2147 ☐當衺職者謹衺☐

襲

0903

8-753背 襲実山 按：似為習字簡。

8-1490正+8-1518正 今令畸襲彼死處 按：「畸」、「彼死」，人名。

8-1560　襲令史朝走啟　按：「朝」、「啟」，人名。

8-1721　毋令少吏、吏徒能襲爲

袍

0904

8-439+8-519+8-537+8-1899　衣絡袍一

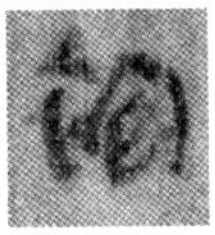
9-2296第二欄　絡袍二

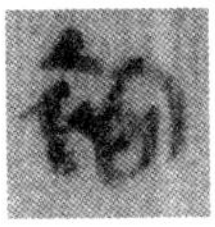
9-2296第二欄　襌袍二

袤

0905

8-135正　公船一，袤三丈三尺

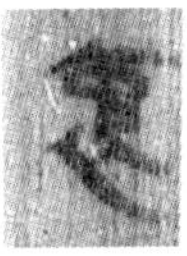
8-913　袤三丈四

8-1995　袤三尺半□者☑

8-2186　袤各七尺

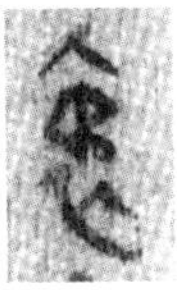
8-2200　袤七尺

祛 0906

8-677背 祛手 按：「祛」，人名。

袑 0907

16-6b 走袑 按：「袑」，人名。

褆 0908

9-7a 陽陵褆陽 按：「褆陽」，地名。

襦 0909

8-1356 襦絝

襌 0910

8-977+8-1821 ☐□□季適□領適襌☐ 按：辭例殘缺。

12-140 衣襌☐ 按：辭例殘缺。

襄
0911

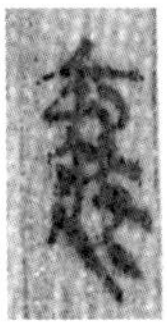
8-184　倉佐襄　按：「襄」，人名。

8-45+8-270　牢監襄　按：「襄」，人名。

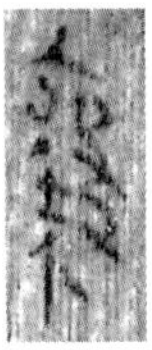
8-809　都鄉佐襄　按：「襄」，人名。

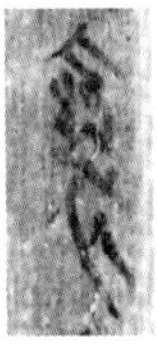
8-1660+8-1827　佐襄　按：「襄」，人名。

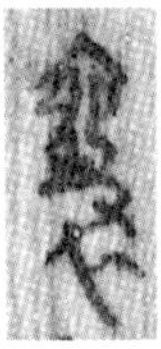
8-2246　襄城　按：「襄城」，地名。

衾
0912

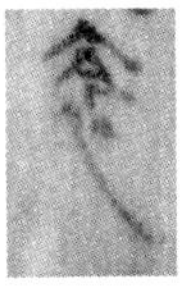
12-10a　遷陵拔訊榬、蠻、衾☐

12-10b　越人以城邑反，蠻、衾、害弗智（知）

衷
0913

8-228　守衷　按：「衷」，人名。

雜

0914

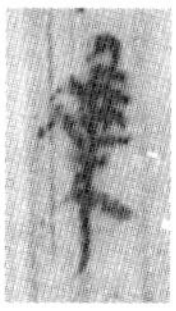

8-210 雜隄（題）

8-1298+8-1354 雜訊

8-2035正 雜診

14-300+14-764 雜出

14-685 雜出

補

0915

8-71正 梓潼長親欣補 按：「欣補」，《校釋》疑或為人名。

8-1532+8-1406 補錢

8-2106 不當補

8-2135 當補

褍

0916

9-2296第二欄 褍袍二

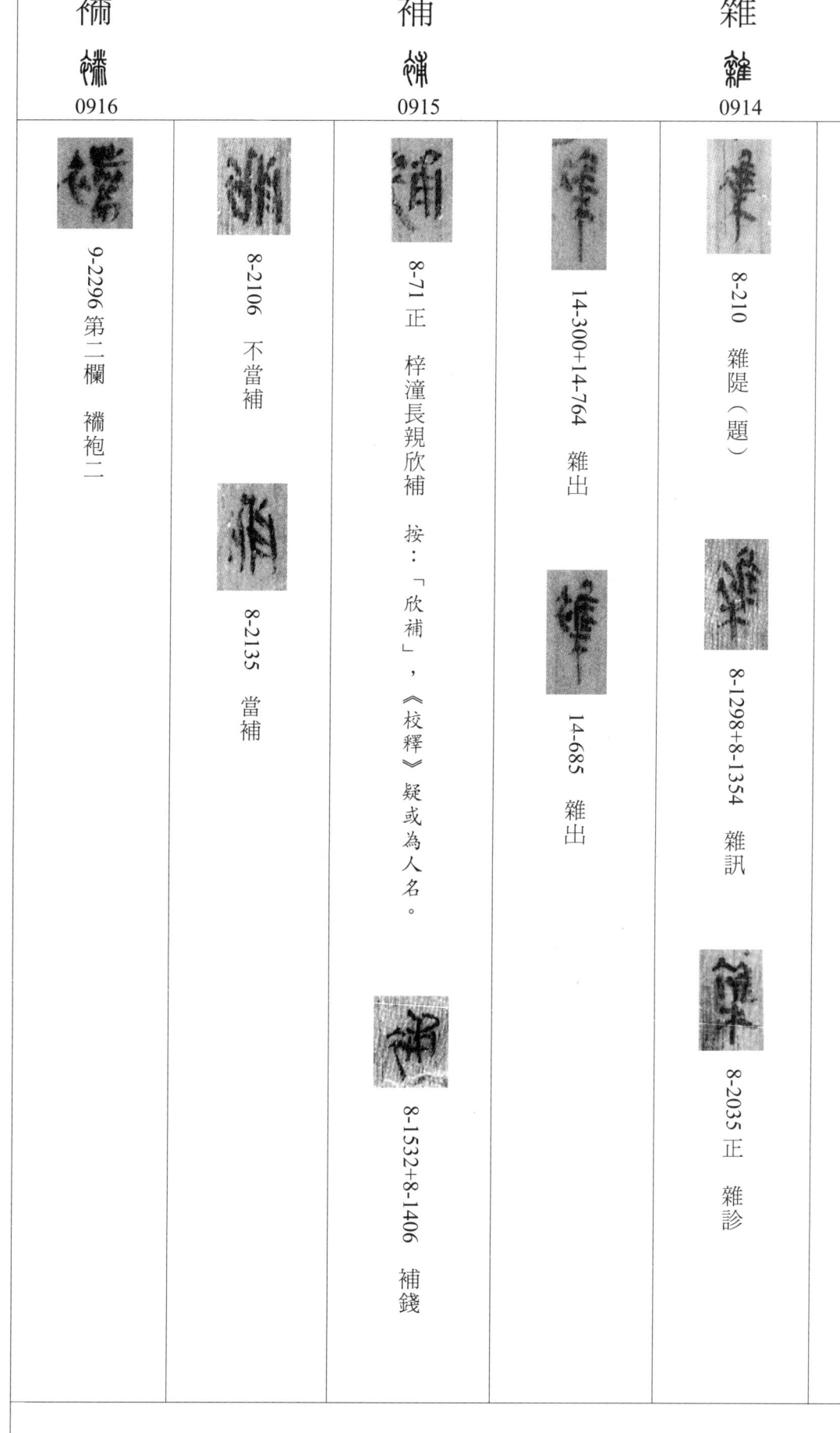

裹 0917

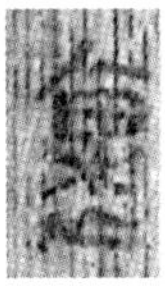

8-1243　裹以繒臧（藏）

褭 0918

8-2186　☐□□服弓弩褭二

8-2200　☐□新服弓弩褭二

衰 0919

8-135正　卒史衰、義　按：「衰」，人名。

8-135正　卒史衰、義　按：「衰」，人名。

8-135正　卒史衰、義　按：「衰」，人名。

卒 0920

8-135正　卒史

8-247　卒史

8-627　☐卒歲未具者最☐

8-1563正　公卒

9-3b　陽陵卒署遷陵

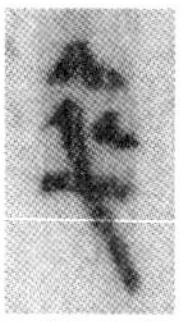
16-6a　縣嗇夫卒史嘉

裛

0921

8-26+8-752正　簪裛

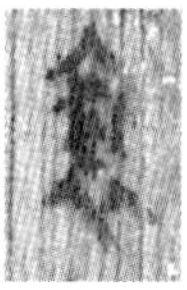
8-781+8-1102　簪裛

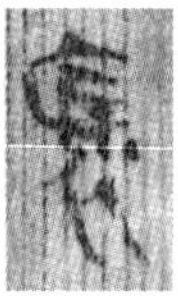
8-1574+8-1787　簪裛

16-5b　簪裛

裚

0922

8-149+8-489第三欄　更戍裚贖耐　按：「裚」，人名。

褩

0923

8-1143+8-1631　二人褩瓦　按：「褩」，《釋文》釋「褩」，《校釋》未釋。學者或讀為「裝」。

襺

0924

K2/23第五欄　臣曰襺　按：「襺」，人名。

裘

0925

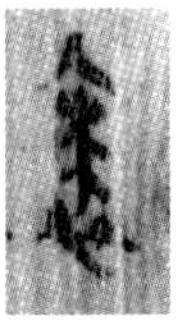

8-2296　▨裘里▨　按：辭例殘缺。

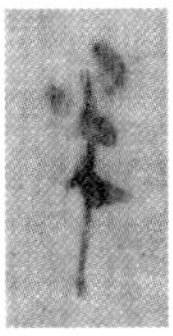

7-4a　求筆及黑（墨）　按：「求」，字形與《說文》古文同。

8-135正　求故荆積瓦未歸

8-1440正　求之

8-1552　求盜

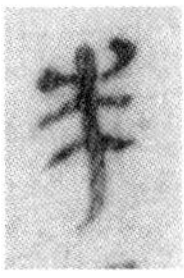

16-5b　求盜

老 0926

8-1798　八月爲□、老、死

耆 0927

8-1531正第二欄　四人級：不耆、宜、劾、它人　按：「不耆」，人名。

壽 0928

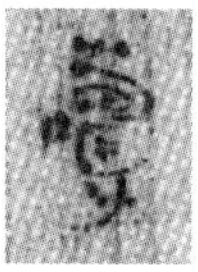

8-197背　壽陵　按：「壽」，《釋文》釋「噚」，《校釋》釋「壽」。「壽陵」，地名。

8-1554正　小奴壽　按：「壽」，《釋文》、《校釋》釋「噚」。實為「壽」。人名。

8-1580　小隸臣壽　按：「壽」，人名。

毛

0929

8-835　毛季　按：「毛季」，人名。

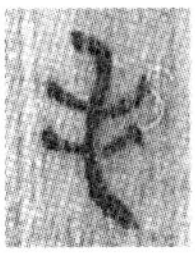

8-1529正　進書令史毛季從者　按：「毛季」，人名。

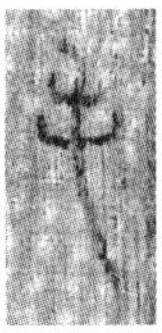

8-1694　詣毛季　按：「毛季」，人名。

尸

0930

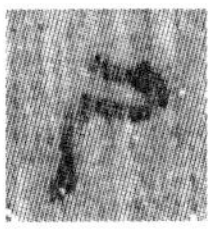

8-793+8-1547　產尸　按：「尸」，人名。

居

0931

7-304a　居貲贖責（債）

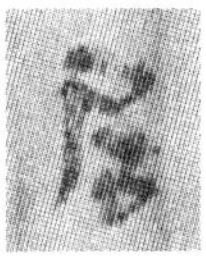

8-135正　不智（知）所居

8-681背　佐居以來　按：「居」，人名。

8-1831　居宜陽

8-659正+8-2088　居者（諸）深山中

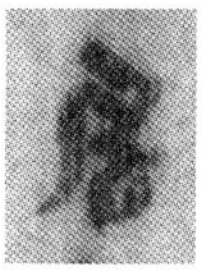

16-6a　居貲贖責（債）

展

0932

8-869+8-1617　言展薄留日

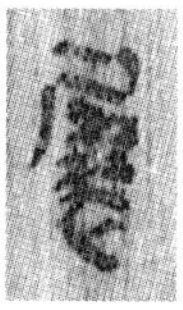

8-1563正　移尉以展約日

8-1564　奏史展薄（簿）留日

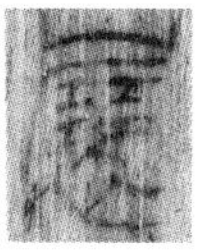

8-2037正　吏貣當展約

屋

0933

8-876　治暴心痛方：令以□屋□□　按：辭例殘缺。

帍

0934

8-639　□帍探□　按：辭例殘缺。

里耶秦簡文字編·卷八下

尺

0935

8-455第二欄　高丈二尺

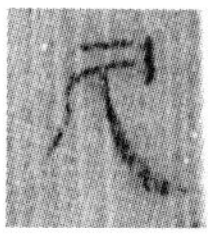

8-550　長二尺五寸

8-916　三丈四尺

8-1995　袤三尺半

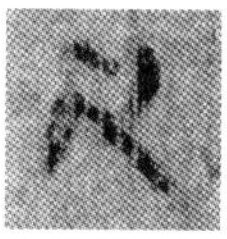

9-337　長可六尺

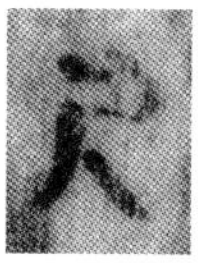

15-259　六尺九寸

屬

0936

8-63正　徙屬

8-135正　狼屬司馬昌官　按：「狼」、「昌官」，人名。

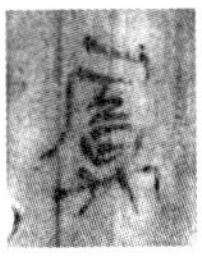

8-138正+8-174正+8-522正+8-523正　以坐次相屬

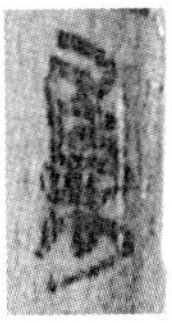

8-657正　屬邦郡守主

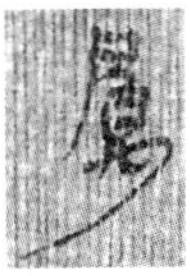

8-1515正　屬司空佐

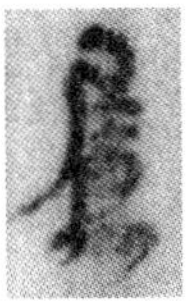

16-6a　屬尉令

屈

0937

8-1452背　令走屈行

履

0938

8-300　鄉守履貲十四甲　按：「履」，人名。

8-561　少內守履　按：「履」，人名。

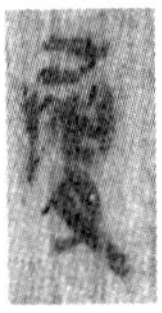

8-1477背　履發　按：「履」，人名。

8-1561背 履手 按：「履」，人名。

8-1797 履發 按：「履」，人名。

兪

0939

8-1040 ☐歲者服、尉（熨）七日，兪□☐ 按：辭例殘缺。

船

0940

6-4 船二𢶱

8-135正 遷陵公船一，袤三丈三尺

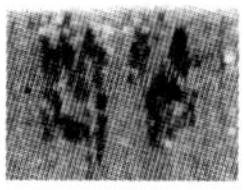

8-480第一欄 船計

8-651正 啟陵津船人

8-1195 船一𢶱

12-849a 船一𢶱

般

0941

8-845 佐般 按：「般」，人名。

8-1055+8-1579 般手 按：「般」，人名。

8-1002+8-1091　佐般　按：「般」，人名。

8-1162+8-1289+8-1709　佐般　按：「般」，人名。

8-1055+8-1579　佐般　按：「般」，人名。

服

0942

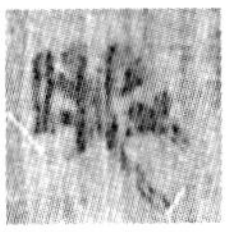

8-894　衣服

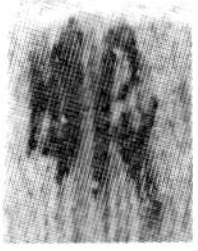

8-1290+8-1397　服藥

8-2186　☑□□服弓弩裹二　按：「服」，《校釋》讀為「箙」。

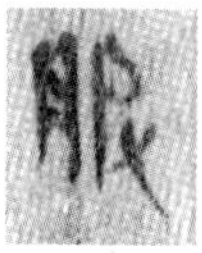

8-2200 ☒□□服弓弩裹二 按：「服」，《校釋》讀為「箙」。

9-3a 有物故、弗服

方 𣃗 0943

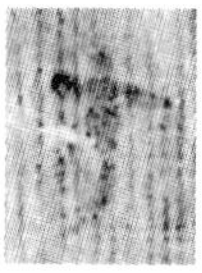

8-1057 治令金傷毋癰方

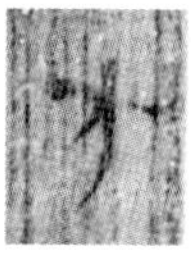

8-1369+8-1937 方尺半

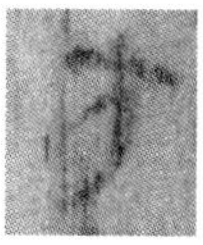

12-1784a 左方

兒 㒫 0944

8-327 嬰兒

8-1540 嬰兒

充 㐬 0945

8-242 校之，充弗受 按：「充」，《校釋》疑為地名。

8-468 ☒過充□郵☒ 按：辭例殘缺。

8-987 充獄史不更寬 按：「充」，地名。

8-1624正 充獄失守府毋計籍☐

9-712b+9-758b 酉陽報充署令發 按：「充」，地名。

兂

0946

8-26+8-752正 簮裹 按：「簮」，字形與《說文》俗體同。

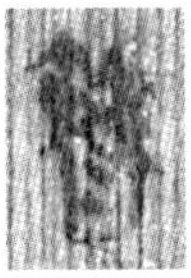

8-781+8-1102 簮裹

8-1574+8-1787 簮裹

16-5b 簮裹

先

0947

8-298 ☐誨旦先食☐

8-1290+8-1397 到莫（暮）有（又）先食歙，如前數

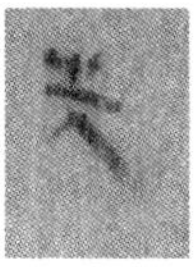

14-4 祠先農

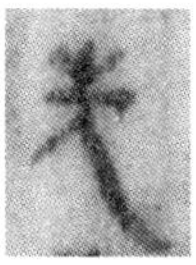

16-6a 必先悉行

禿

0948

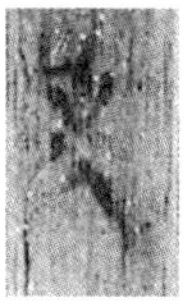

6-17 倉守禿 按：「禿」，人名。

8-140正 臨沮丞禿 按：「禿」，人名。

積

0949

8-683正 ☐□鬼薪奢、頹皆有☐ 按：「積」，人名。

12-849a 佐頹 按：「積」，人名。

12-849b 佐頹 按：「積」，人名。

見

0950

6-28 不見

8-39 佐見 按：「見」，人名。

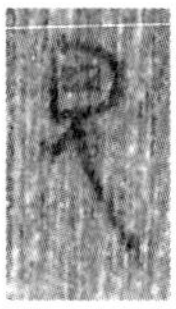

8-999 見絲

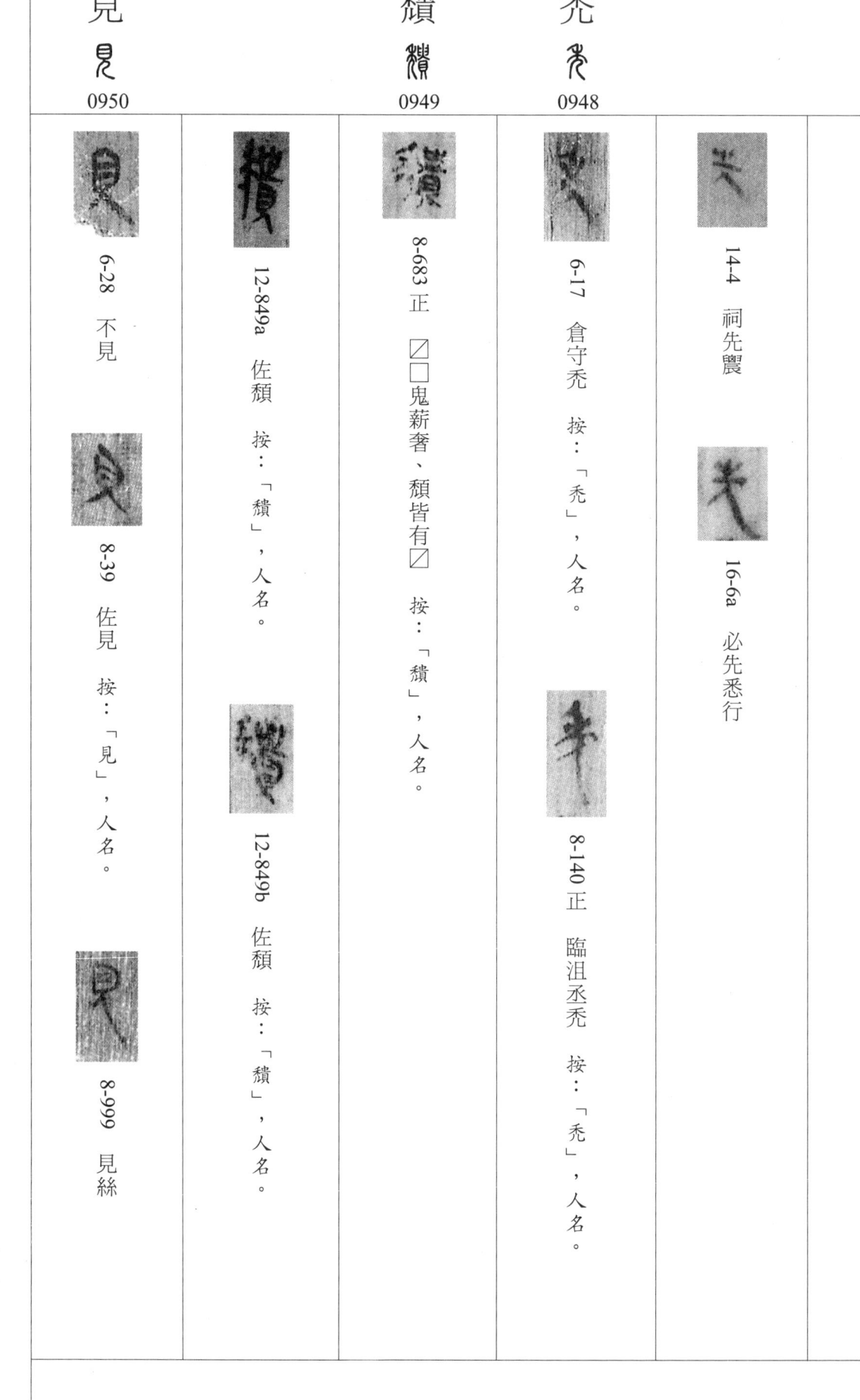

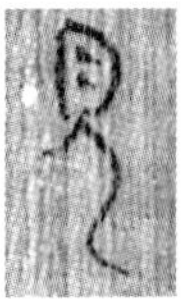

8-1067 ☐□五歲以來見船數具言歲☐

8-1137 今見五十人

8-1703 有見智（知）者☐

視

視

0951

8-45+8-270 令史尚視平

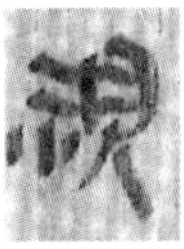

8-137正 復視官事如故

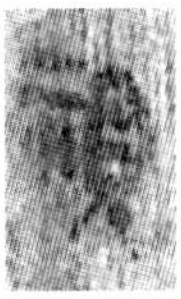

8-761 令史兼視平

8-1576 令史扁視平

8-1590+8-1839 令史逐視平

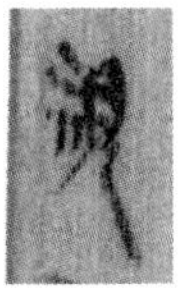

9-762 史令扁視平

觀

觀

0952

8-461正第二欄 泰上觀獻曰皇帝

8-461正第二欄 天帝觀獻曰皇帝

9-2294a+9-2305a+8-145正第三欄　一人治：觀　按：「觀」，人名。

歆

0953

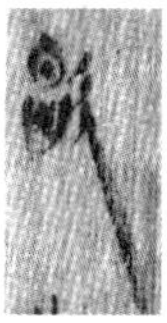

8-755背　歆手　按：「歆」，人名。

8-759　歆手　按：「歆」，人名。

欣

0954

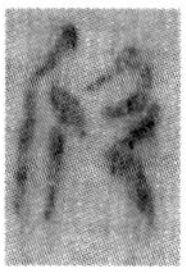

7-4a　欣辟席再拜及拜者　按：「欣」，人名。

8-155　欣手　按：「欣」，人名。

8-164背+8-1475背　佐欣　按：「欣」，人名。

8-164背+8-1475背　欣手　按：「欣」，人名。

款 0955

8-1531正第二欄　二人求菌：受、款　按：「款」，人名。

欲 0956

8-1442背　⍁事從事欲欲欲遝偞　按：習字簡。

8-1442背　⍁事從事欲欲欲遝偞　按：習字簡。

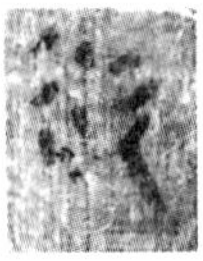

8-1470正　⍁欲令

8-2256　⍁就欲以何避⍁

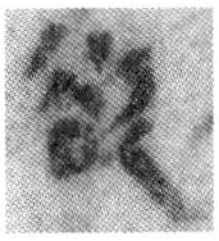

16-6a　不欲

歈 0957

8-673+8-2002正　歈手　按：「歈」，人名。

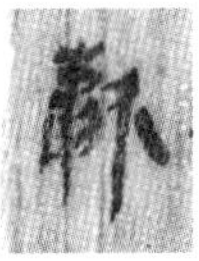

8-917　佐歈　按：「歈」，人名。

歐

0958

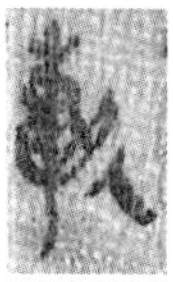

8-1002+8-1091　令史歠監☐　按：「歠」，人名。

8-1171　☐柀不能歠　按：辭例殘缺。

8-1298+8-1345　佐歠　按：「歠」，人名。

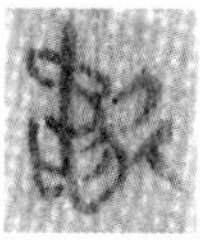

8-1764　佐歠　按：「歠」，人名。

8-209正　訊歐　按：「歐」，人名。

8-677正　啟陽丞歐　按：「歐」，人名。

8-925+8-2195　韓歐毋　按：「歐」，人名。

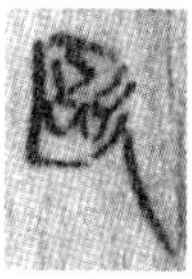

8-1584　小女、窗、歐　按：「歐」，人名。

12-849b　遷陵丞歐　按：「歐」，人名。

16-6b　遷陵丞歐　按：「歐」，人名。

歠

0959

8-39　廿八年啟陵鄉歠已死　按：「歠」，人名。

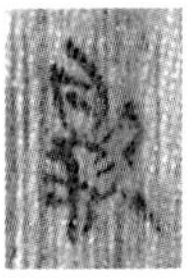

8-938+8-1144　鄉守歠　按：「歠」，人名。

8-938+8-1144　鄉守歠　按：「歠」，人名。

8-1783+8-1852　鄉歠二甲　按：「歠」，人名。

欿

0960

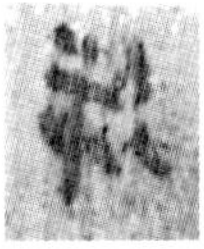

8-533第一欄　欿城旦　按：「欿」，人名。

9-7a　褆陽士五（伍）小欿　按：「欿」，人名。

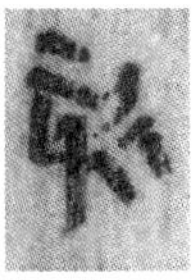

9-7a　欿戍洞庭郡　按：「欿」，人名。

次

0961

8-50+8-422　以次續食

8-138正+8-174正+8-522正+8-523正　以坐次相屬

8-1329　☐食後食次（恣）　按：「次」，通「恣」。

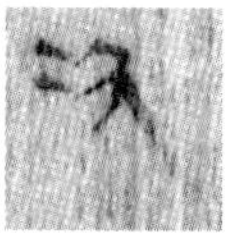

8-1766　☐食次（恣），毋禁，毋時　按：「次」，通「恣」。

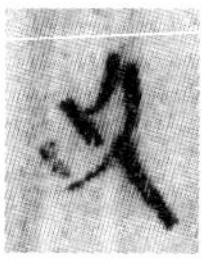

8-1831　次「榦都嗇丞」

9-712a+9-758a　各以道次傳

歙

0962

8-1290+8-1397　到莫（暮）有（又）先食歙

8-1290+8-1397　歙之

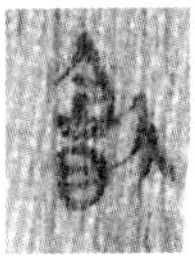

8-1766 ☐□撓歙已歙如再□☐

8-1976 ☐□半斗歙之

盜

0963

8-574 盜賊

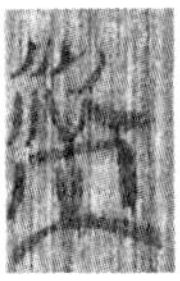

8-1049 盜盜盜☐ 按：習字簡。

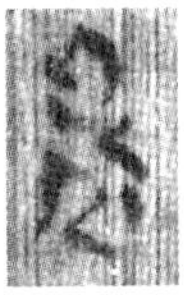

8-1252+8-1265 求盜

8-2313 盜賊

9-1112a 唐亭旁有盜，可卅人

16-5b 求盜

里耶秦簡文字編·卷九上

頭

0964

14-300+14-764　羊頭一

顯

0965

8-36　顯（願）予使者☐　按：顯，讀為「願」。

8-477　式顯（願）寫之　按：顯，讀為「願」。式，人名。

8-1108　顯（願）已坐徒　按：「顯」，讀為「願」。

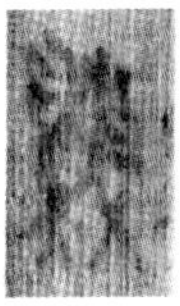
8-1476正　☑□時之食毆，顯（願）□☑　按：「顯」，讀為「願」。

順

0966

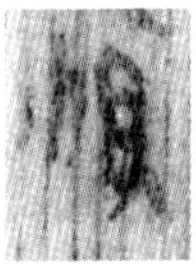
8-1516背　士五（伍）順　按：「順」，人名。

9-984a　士五（伍）順　按：「順」，人名。

頡

0967

8-529背　小六頡卌弩

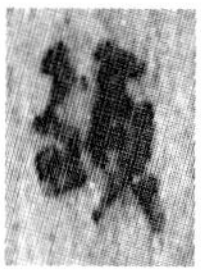

8-1069正+8-1434正8-1520正 何、最、交、頡、徐 按：「頡」，人名。

煩 0968

8-63正 佐州里煩 按：「煩」，人名。

8-63正 煩冗佐署遷陵

顡 0969

9-762 稾人顡 按：「顡」，人名。

顯 0970

8-764 稾人顯 按：「顯」，人名。

頎 0971

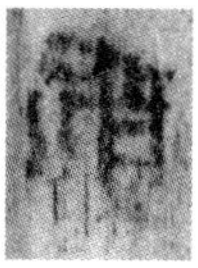

9-728第二欄 守頎 按：「頎」，人名。

⿱⿰央頁革 0972

8-2019背　☐⿱⿰央頁革鞅　按：辭例殘缺。

面 0973

8-894　隋（橢）面

8-1284　☐面相⿰坴頁勎，毋同產☐

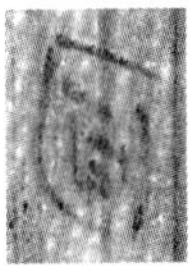

8-1570　坐一斗酒□面　按：語義不詳。

首 0974

7-304a　黔首

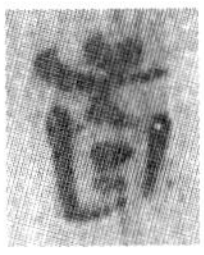

8-183正+8-290正+8-530正　黔首

8-355　黔首

8-434　黔首

9-2352a　谿中西首右臥

16-6a　黔首

縣

0975

8-122　它縣

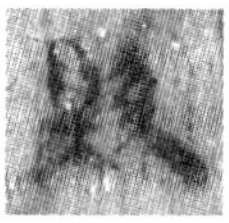

8-355　以異中縣

8-2492　縣官

9-3a　不智（知）何縣署

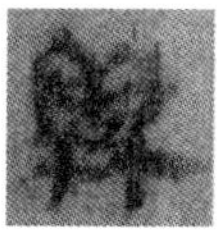

9-2296 第一欄　給縣用足

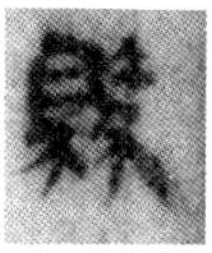

16-6a　縣嗇夫

須

0976

6-11　弋陽須卻▨　按：辭例殘缺。

8-122　須報

8-133 正　啟治所獄留須

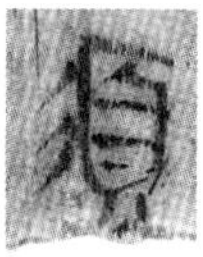

8-204 正+8-1842 正　▨弗須▨　按：「須」，字形下部殘損。辭例殘缺。

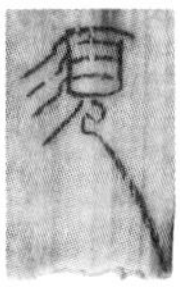

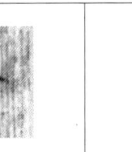

8-204背+8-1842背　☐請須報束☐　按：辭例殘缺。

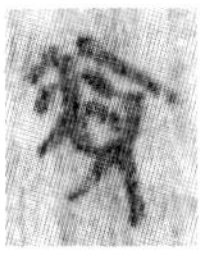

8-534　髮須

文

0977

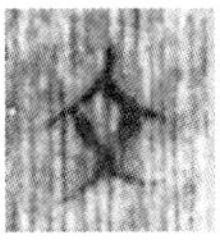

8-4　文召　按：「文召」，地名。

8-44　司空守文　按：「文」，人名。

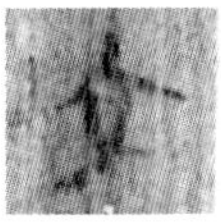

8-247　卒史文　按：「文」，人名。

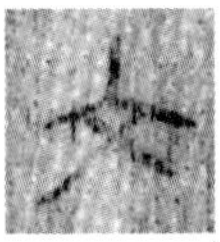

8-227+8-598+8-624　☐伯所幸賜文黑得□☐　按：「文」，人名。

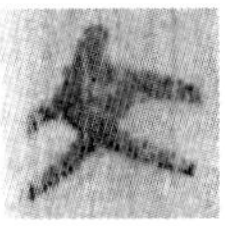

8-893　牢人文　按：「文」，人名。

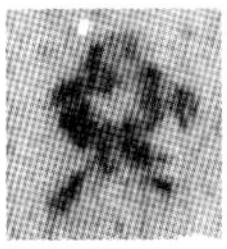

8-2137　☐守囚文同□☐　按：「文」，人名。

髟部 髟 髮 **司部** 司 **卮部** 卮

髟

0978

8-130正+8-190正+8-193正 卒長髟 按：「髟」，《釋文》釋「⿱髟差」，《校釋》釋「髟」。人名。

髮

0979

8-534 髮須

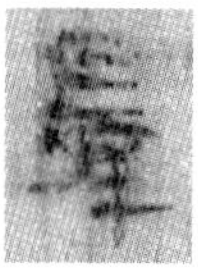

8-439+8-519+8-537+8-1899 多髮

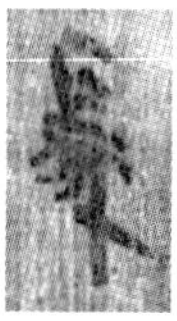

8-1003 髮須

司

0980

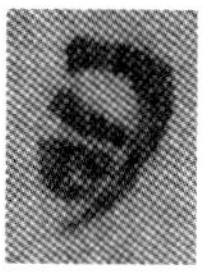

7-304b 司空

8-695正 司空

8-1515正 司空

8-2093+8-2180 司空

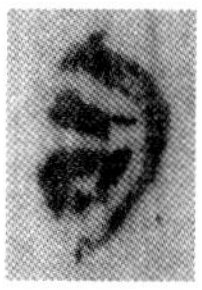

9-3a 司空

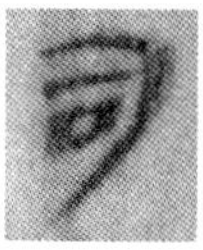

16-6a 司寇

卮

0981

8-200正+8-296 秫卮秫求請得以卮求 按：似為習字簡。

8-200正+8-296　秫卮秫求請得以卮求　按：似為習字簡。

8-2513　▨□庚辰取卮□▨　按：「卮」，《釋文》釋「卮」，《校釋》釋「後」。

令

0982

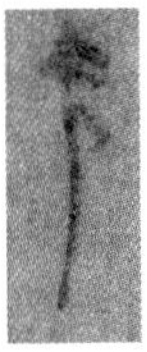

7-4b　如柏令寄芍，敢謁之

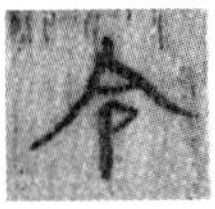

8-42+8-55　謁令

8-143背+8-69背+8-2161背　律令

8-1047　令丞

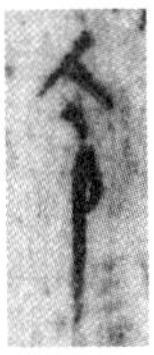

9-3b　律令

10-1595a　下泰守令

卻

0983

8-135正　卻之

8-157背　卻之

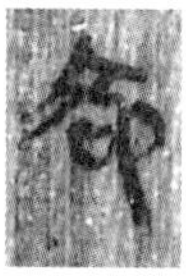

8-790　☐內守卻　按：「卻」，人名。

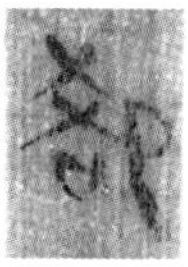

8-867+8-1722　佐卻　按：「卻」，人名。

8-1695　☐□上論奏守府卻曰

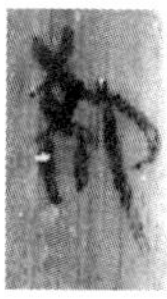

8-2155　☐重卻書☐　按：辭例殘缺。

印

0984

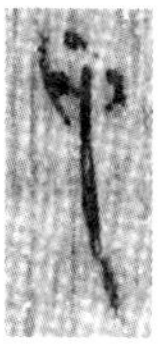

8-475+8-610　遷陵丞印

8-1104+8-1609　金印一

8-1234　衡山發弩丞印亡謂更為刻印

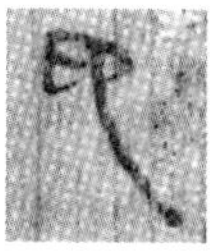

8-1823　獄南書一封，丞印

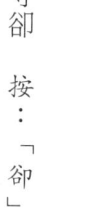

9-3b 以洞庭司馬印行事

16-3 尉曹書二封，丞印

色

0985

8-155 遷陵守丞色 按：「色」，人名。

8-439+8-519+8-537+8-1899 赤色

8-550 皙色

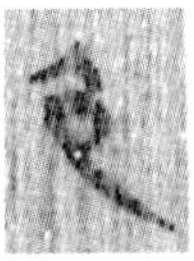
8-894 黃皙色

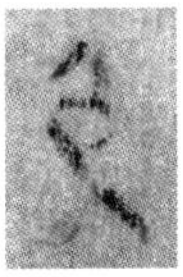
12-140 皙色

15-259 黑色

卿

0986

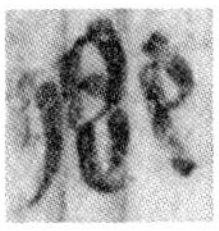
9-1112a 卿〈鄉〉主 按：「卿」，《博物館校訂》以為「鄉」之誤字。

辟

0987

9-1112b 貳卿〈鄉〉 按：「卿」，《博物館校訂》以為「鄉」之誤字。

7-4a 辟（避）席再拜及拜者 按：「辟」，同「避」。

8-143正+8-69正+8-2161正 士五（伍）辟 按：「辟」，人名。

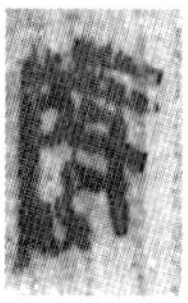

8-169正+8-233+8-407+8-416+8-1185 辟書

8-680正 辟書

8-2126 ☐□辟□☐ 按：辭例殘缺。

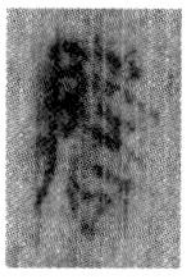

10-1119a 辟書

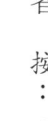

旬

0988

8-63正　旬陽　按：「旬陽」，地名。

8-63正　旬陽　按：「旬陽」，地名。

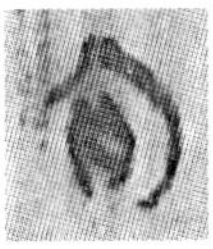

8-136正+8-144正　旬陽　按：「旬陽」，地名。

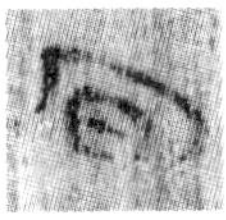

8-1275　旬陽　按：「旬陽」，地名。

8-1851　旬陽　按：「旬陽」，地名。

敬

0989

7-4a　敬進

8-63正　遷陵守丞敬　按：「敬」，人名。

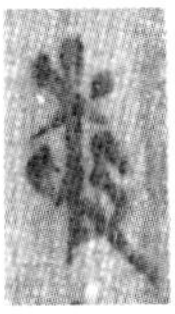

8-760　佐敬　按：「敬」，人名。

8-767背　敬手　按：「敬」，人名。

8-701+8-1102 田官守敬 按：「敬」，人名。

9-7b 敬手 按：「敬」，人名。

鬼

0990

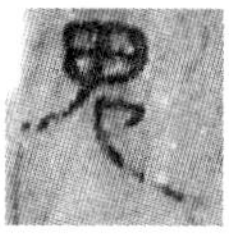

8-683正 鬼薪

8-805 鬼薪白粲

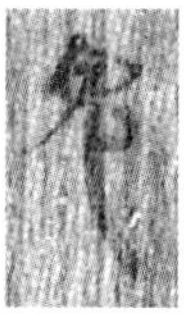

8-1069正+8-1434正+8-1520正 鬼薪

8-1515正 鬼薪

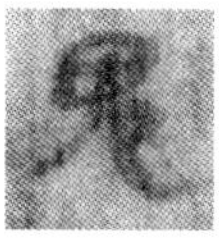

16-6a 鬼薪白粲

鬾

0991

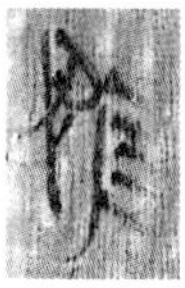

8-1864 ☐孟鬾左過其☐ 按：「鬾」，似為人名。

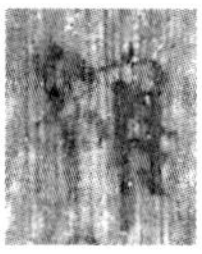

8-2036背 ☐從翥、鬾各一甲一盾 按：「鬾」，人名。

鬾

0992

8-181背+8-1676背　揚鬾受□□□☐　按：「鬾」，《釋文》、《校釋》釋「⿺鬼殳」，應釋為「鬾」。

8-1520正　慶忌、鬾、鬾□☐　按：「鬾」，人名。

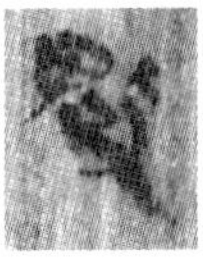

8-1069正+8-1434正+8-1520正　慶忌、鬾、鬾　按：「鬾」，人名。

畏

0993

5-19　☐□畏害所□☐　按：辭例殘缺。

8-1293正+8-1459正+8-1466正　前書畏其不☐　按：辭例殘缺。

羑

0994

5-5正　〼戔変公敺忎告誘〼　按：「誘」，字形與《說文》或體同。此簡帶有楚系文字風格。

巍

0995

8-1070　巍並　按：「巍並」，人名。

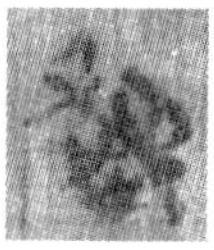

8-2098　巍嬰姽　按：「巍嬰姽」，人名。

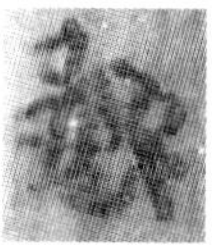

8-2098　巍箕　按：「巍箕」，地名。

8-2133　〼年可卌歲，故居巍箕攻　按：「巍箕」，地名。

里耶秦簡文字編・卷九下

山

0996

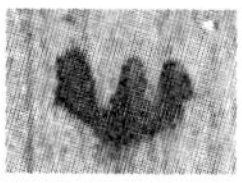

8-92第二欄　閻水原貳山

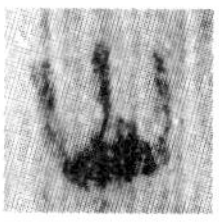

8-176背+8-215背　□山山山□□□　按：習字簡。

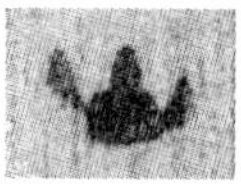

8-753正　襄夷山　按：似為習字簡。

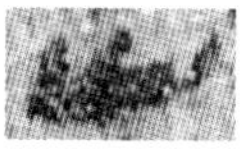

8-1234　衡山

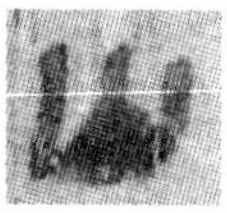

8-659正+8-2088　深山中

密

0997

8-1079　高密　按：「高密」，地名。

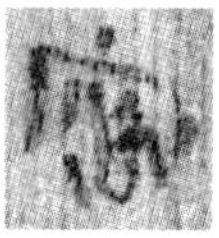

8-1533　陰密　按：「陰密」，地名。

府

0998

7-304a 居貲贖責（債）作官府課

8-60正+8-656正+8-665正+8-748正 都府守胥敢言之

8-175正 ▨守府

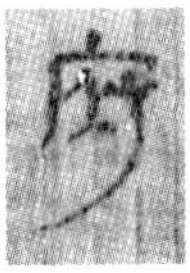

8-1823 洞庭尉府

9-1594 洞庭泰守府

16-6a 泰守府

庠

0999

8-661正 ▨□爲南里典庠，謁▨

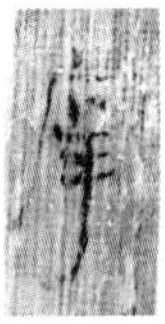

8-1308 書到，謹以庠除覆

盧

1000

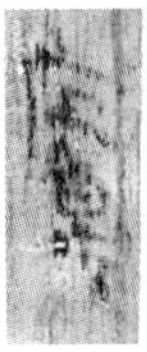

8-1873+8-1946 盧江 按：「盧江」，地名。

庭

1001

6-2　洞庭　按：「洞庭」，地名。

8-1597　洞庭　按：「洞庭」，地名。

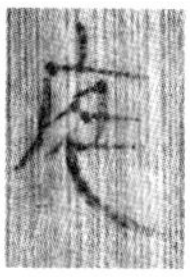

8-1840　洞庭　按：「洞庭」，地名。

9-3a　洞庭郡　按：「洞庭」，地名。

9-12b　洞庭司馬　按：「洞庭」，地名。

12-682　洞庭　按：「洞庭」，地名。

廡

1002

8-780第一欄　甄廡　按：「廡」，《校釋》疑通「甒」，學者或讀如字。

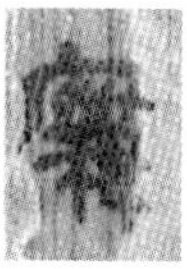

8-1707　甄廡　按：「廡」，《校釋》疑通「甒」，學者或讀如字。

廚
1003

9-7a　守丞廚　按：「廚」，人名。

9-10a　守丞廚　按：「廚」，人名。

9-12b　守丞廚　按：「廚」，人名。

庫
1004

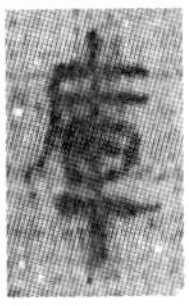
8-173正　庫武敢言之　按：「武」，人名。

8-493第一欄　庫兵計

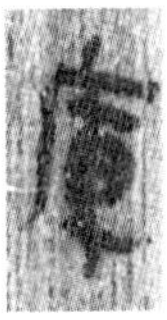
8-847　庫建　按：「建」，人名。

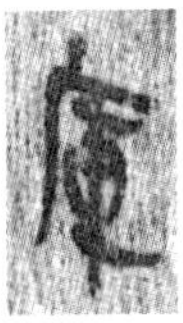
8-1055+8-1579　庫建　按：「建」，人名。

9-1138　遷陵庫工用計

9-2294a+9-2305a+8-145正第一欄　二人付庫

廏

1005

8-163正　廏守慶敢言之

8-163正　廏佐

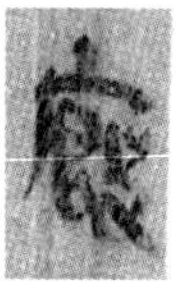

8-677正　廏守

廣

1006

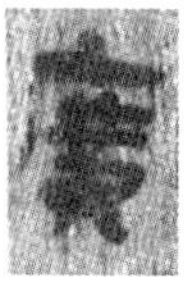

8-455第一欄　▨下廣一畝

8-455第二欄　格廣半畝

8-565　尉廣　按：「廣」，人名。

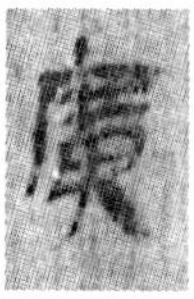

8-1141+8-1477正　尉廣　按：「廣」，人名。

8-1554正　高里士五（伍）廣　按：「廣」，人名。

9-12a　公卒廣　按：「廣」，人名。

廥

1007

8-56　徑廥

8-474+8-2075　徑廥

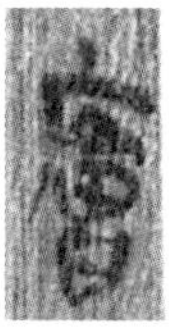

8-762　徑廥

8-1081　徑廥

8-1239+8-1334　徑廥

8-1545　丙廥

廔

1008

8-62背　鄄人廔　按：「廔」，字形左側略殘。人名。

廉

1009

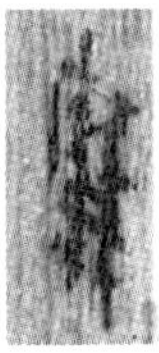

8-1238　稟人廉　按：「廉」，人名。

8-1259正　☐一人稟人：廉　按：「廉」，人名。

8-1557　隸妾廉　按：「廉」，人名。

廢

1010

8-178正　☐☐君子子廢☐　按：辭例殘缺。

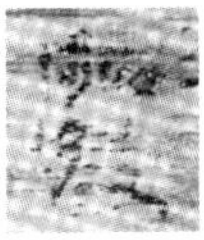

8-461正第一欄　☐如故更廢官

廟

1011

8-138正+8-174正+8-522正+8-523正　行廟者

8-138正8-174正+8-522正+8-523正　行廟詔

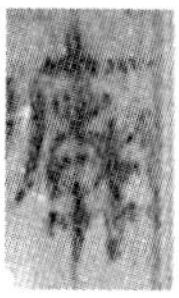

8-138背+8-174背+8-522背+8-523背　行廟

8-138背+8-174背+8-522背+8-523背第一欄　行廟

廖

1012

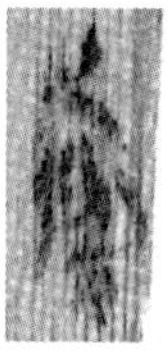

8-1961　廖手　按：「廖」，人名。

庇
1013

8-1177　大隸妾庇　按：「庇」，人名。

庴
1014

8-26+8-752正　庴〈廣〉武　按：「庴」，《釋文》釋「庴」，《校釋》疑為「廣」之壞字。地名。

庫
1015

8-217　嬰兒槐庫　按：「槐庫」，人名。

16-9a　啓陵鄉庫　按：「庫」，人名。

⿸广恖
1016

9-2294a+9-2305a+8-145正第二欄　五人繕官：宵、金、⿸广恖、椑、鯉　按：「⿸广恖」，人名。

厭

1017

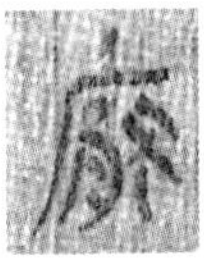

8-755正　司空厭　按：「厭」，人名。

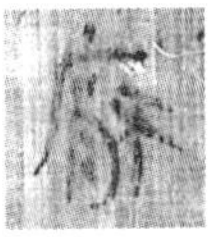

8-757　司空厭　按：「厭」，人名。

8-758 厭失，當坐論 按：「厭」，人名。

危

1018

9-1867a 危□ 按：「危」，似為人名。辭例殘缺。

石

1019

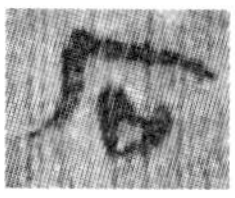
8-821 粟四石五斗

8-1519背 租二百卌一石

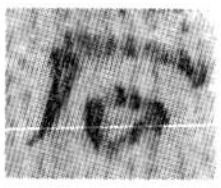
8-1794 稻一石二斗半斗

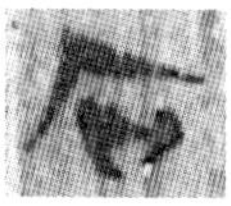
8-1905 稻一石九斗六升少半升

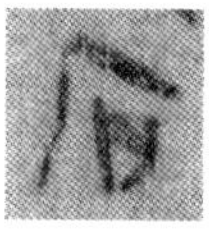
9-762 粟一石九斗少半斗

12-1409 粟十石

長

1020

7-304b 司空長史

8-71正 梓潼長親 按：「長親」，地名。

8-550　長二尺五寸

8-671正+8-721正+8-2163正　校長

9-757　長七尺四寸

勿

1021

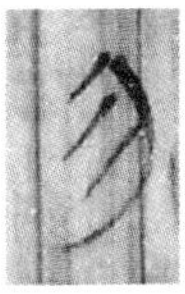
6-4　勿留

8-526正　勿留

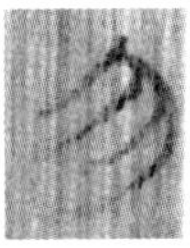
8-1523背　勿留

8-2044　勿留

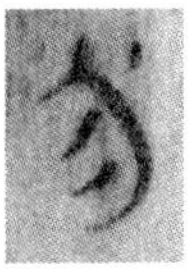
12-1784a　勿留

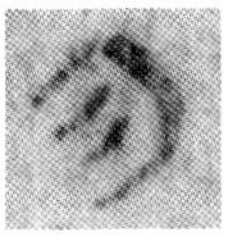
16-6b　皆勿留脫

昜

1022

8-2444正　☐爲□昜此□☐　按：辭例殘缺。

冄

1023

8-157背　隸妾冄　按：「冄」，人名。

而

1024

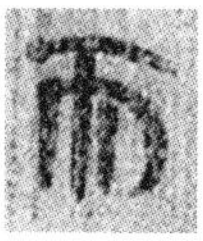

6-1正 二五而十

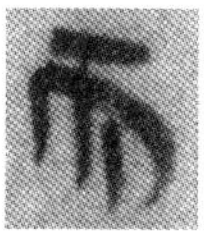

7-304a 而死亡一人

8-128 ⧄與從事而云渠⧄

8-1601 令禁弗得爲而請⧄

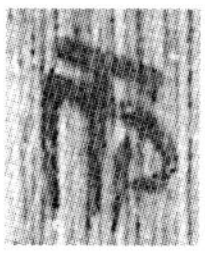

8-1622+8-1699 而爲它事

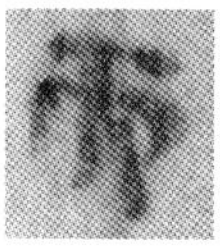

16-6a 弗省少而多興者，輒劾移縣

耏

1025

8-136正+8-144正 耐辠 按：「耐」，字形與《說文》或體同。

8-805 ⧄城旦舂耐以爲鬼薪白粲

8-811+8-1572 贖耐

8-775+8-884 以其耐致耐之

8-1734 贖耐

豕

1026

8-4 ☐士五（伍）索文召豕 按：「豕」，人名。

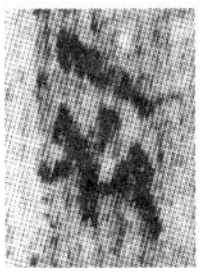
8-2491 第一欄 牡豕四

豬

1027

8-461 第一欄 毋敢曰豬爲彘

8-950 ☐豬犬雞

豤

1028

8-1519正 豤（墾）田 按：「豤」，通「墾」。

9-14a 豤（墾）草田 按：「豤」，通「墾」。

9-39 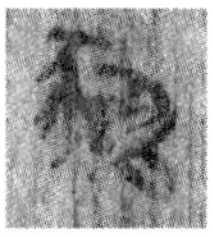 豤（墾）田 按：「豤」，通「墾」。

9-2350a  豤（墾）草田六畝 按：「豤」，通「墾」。

貉

1029

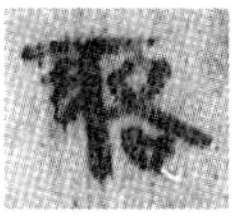
8-1437背 武鄉貉何故有 按：習字簡。

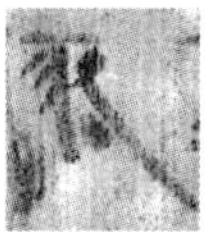
8-1437背 昌里大男子貉閻谿有 按：習字簡。

彘

1030

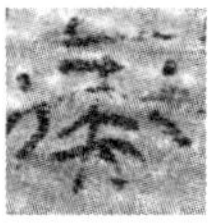
8-461第一欄 毋敢曰豬曰彘

8-495第一欄 畜彘雞狗死亡課

8-1397+8-1290 彘肉

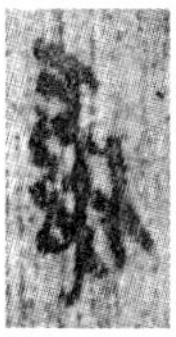
8-2491第一欄 牡彘一

豚 1031

8-561 牝豚一

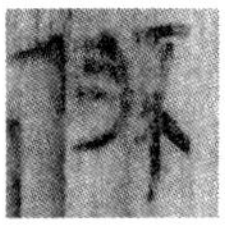

14-649+14-679 豚肉半斗

貄 1032

16-9b 貄半 按：「貄」，人名。

易 1033

8-1514正 各以其事勮易次之 按：「易」，秦簡中或作「昜」形。

象 1034

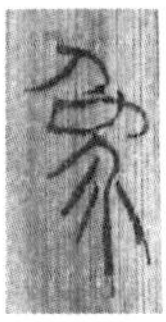

8-1556正 史象 按：「象」，人名。

豫 1035

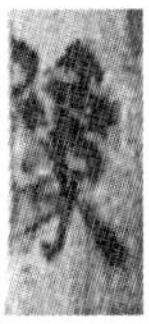

8-444第二欄 一人收鴈：豫 按：「豫」，人名。

里耶秦簡文字編·卷十上

馬

1036

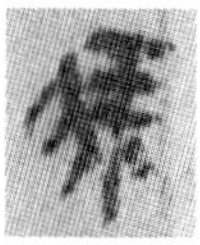

8-135正　司馬

8-143正+8-69正+8-216正　贏病馬

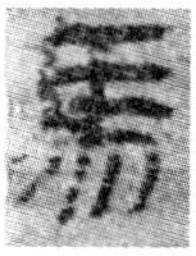

8-461正第一欄　王馬曰乘輿馬

8-490+8-501第二欄　馬產子課

9-3b　洞庭司馬

14-638　馬以傳食

驕 1037

8-657背　驕手　按：「驕」，人名。

騎 1038

8-461第二欄　騎邦尉爲騎□尉

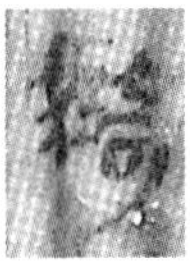

8-528背+8-532背+8-674背　☐□留曰騎行書留

駕 1039

8-149+8-489第一欄　☐牢佐駕　按：「駕」，人名。

駟 1040

9-20a第三欄　疾已食一石一斗二駟（䭃）　按：「駟」，通「䭃」。

9-20a第四欄　正月餘米八斗一駟（䭃）　按：「駟」，通「䭃」。

騷

1041

8-894 大男子吳騷 按：「吳騷」，人名。

駔

1042

8-76正 駔手 按：「駔」，人名。

騶

1043

8-209背 騶奇 按：「騶奇」，人名。

騰

1044

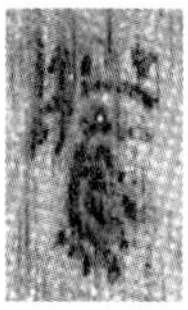

5-1正 當騰（謄）期卅日 按：「騰」，通「謄」。

8-66正+8-208正 當騰（謄）騰（謄） 按：「騰」，通「謄」。

9-3a　司空騰　按：「騰」，人名。

9-7a　司空騰　按：「騰」，人名。

9-7b　當騰（謄）騰（謄）　按：「騰」，通「謄」。

駠
1045

8-780第一欄　三人病：骨、駠、成　按：「駠」，「騮」字異體。人名。

8-1146　四人負土：臧、成、駠、骨　按：「駠」，「騮」字異體。人名。

駋
1046

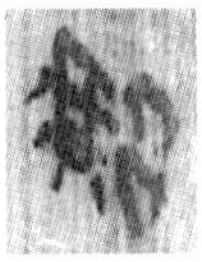
8-1450正　宂佐八歲上造陽陵西就曰駋　按：「駋」，人名。

灋

1047

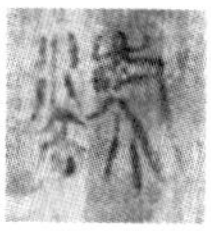
8-1200背 灋灋

8-1200背 灋灋

8-746正+8-1588正 犯灋爲非

兔

1048

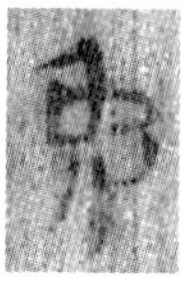
8-660正 士五（伍）兔 按：「兔」，人名。

犬

1049

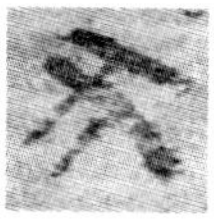
8-461正第二欄 王犬曰皇帝犬

8-950 ☐□豬犬雞

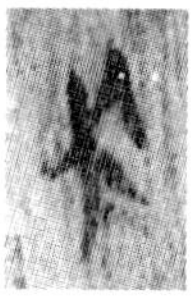
8-1589 乙大夫盡得犬☐ 按：「犬」，《釋文》未釋，《校釋》釋「犬」。辭例殘缺。

狗

1050

8-247 士五（伍）狗 按：「狗」，人名。

8-495第一欄 畜彘雞狗死亡課

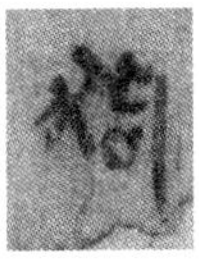

14-300+14-764　佐狗　按：「狗」，人名。

14-639+14-672　佐狗　按：「狗」，人名。

14-685　佐狗　按：「狗」，人名。

猣

1051

8-1069正+8-1434正+8-1520正　獎、慶忌　按：「獎」人名。

狀

1052

8-63背　士五（伍）狀　按：「狀」，人名。

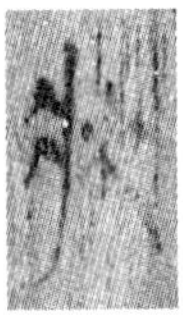

8-258　☐☐☐狀☐然而出不☐☐爲麥　按：辭例殘缺。

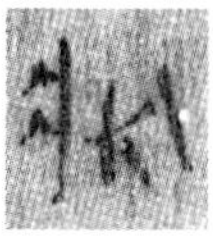
8-1440正 ☐及藥，具薄（簿）求之之狀

8-1564 狀何如

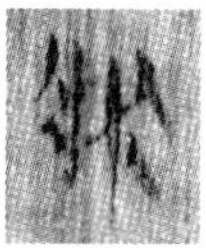
8-1781+8-1908 ☐□狀何如☐ 按：辭例殘缺。

犯

1053

8-138背+8-174背+8-522背+8-523背第二欄 令史犯行廟 按：「犯」，《釋文》釋「犯」，《校釋》釋「犯」。人名。

8-746正+8-1588正 ☐署其犯灋爲非

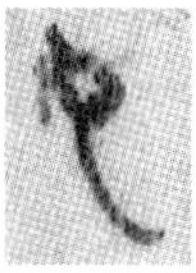
8-746正+8-1588正 犯灋爲非

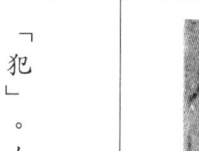

犺
1054

K49第三欄　子小上造犺　按：「犺」，人名。

獨
1055

8-141正+8-668正　一人獨訊

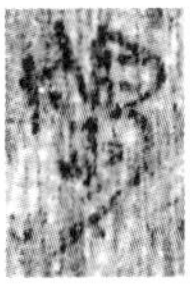

8-644正　徒當獨負

8-2124　☐鄉獨至今☐　按：辭例殘缺。

獵
1056

8-461正第二欄　王獵曰皇帝獵

8-461正第二欄　王獵曰皇帝獵

8-969　廷金布發。獵☐　按：「獵」，《釋文》釋「獊」，《校釋》釋「獵」。辭例殘缺。

臭

1057

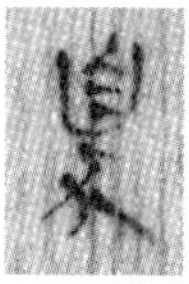

8-1042+8-1363　臨食而惡臭

獲

1058

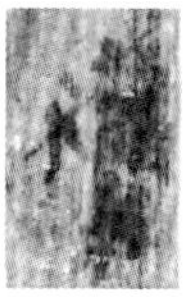

8-754正+8-1007正　史獲　按：「獲」，人名。

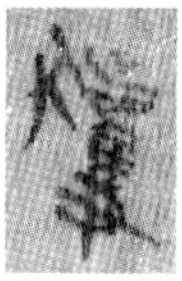

8-1558正　臣獲　按：「獲」，人名。

8-143正+8-69正+8-2161正　獲敢言之　按：「獲」，人名。

獻

1059

8-768正　四時獻者（諸）上

8-855　下臨沅請定獻枳枸程

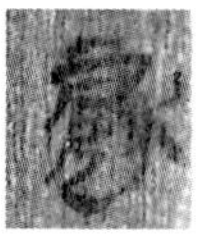

8-997　不審獻此程令　按：「獻」，《釋文》釋「獻」，《校釋》釋「獻」。

8-1022　獻冬瓜

8-1438背　獻泰　按：習字簡。

類

1060

8-1584　類譊　按：「類」，《釋文》釋「⿰类耳」，《校釋》釋「類」。人名。

狼

1061

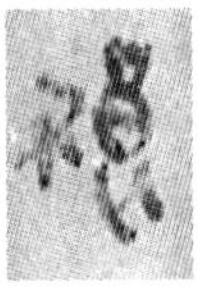

8-135正　狼假遷陵公船一　按：「狼」，人名。

8-135正　狼屬司馬昌官　按：「狼」，人名。

8-135正　令狼歸船　按：「狼」，人名。

8-135正　叚（假）狼船　按：「狼」，人名。

狐

1062

8-2129　狼（瑯）邪　按：「狼」，通「瑯」。「瑯邪」，地名。

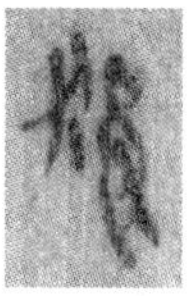

9-762　士五（伍）巫、狼、旁　按：「狼」，人名。

8-135正　守丞敦狐　按：「敦狐」，人名。

8-132+8-334第二欄　尉守狐課　按：「狐」，人名。

8-406　敦狐　按：「敦狐」，人名。

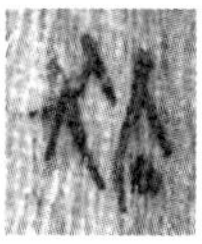

8-1508　少內守狐□☐　按：「狐」，人名。

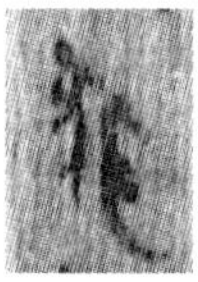

8-1783+8-1852　佐狐二甲　按：「狐」，人名。

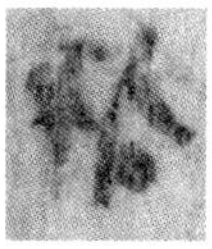

16-6b　敦狐　按：「敦狐」，人名。

1063 犴

8-474+8-2075　令史犴視平　按：「犴」，人名。

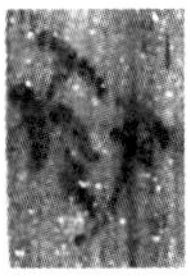

8-565　佐犴　按：「犴」，人名。

8-800　令史犴視平　按：「犴」，人名。

8-890+8-1583　史犴　按：「犴」，人名。

8-2249　令史犴視平　按：「犴」，人名。

1064 ⿰犭巴

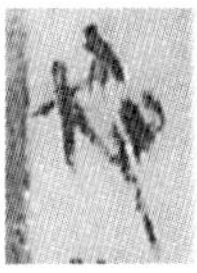

8-75正+8-166正+8-485正　⿰犭巴手　按：「⿰犭巴」，人名。

1065 ⿰犭舟

8-1656　小隸臣⿰犭舟　按：「⿰犭舟」，人名。

玃

1066

9-1869a　田官守玃　按：「玃」，人名。

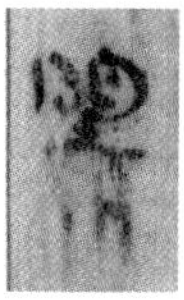

9-1869b　八月庚寅日入玃以來　按：「玃」，人名。

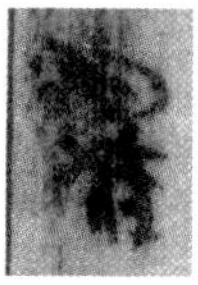

9-1869b　玃手　按：「玃」，人名。

獄

1067

8-135 正　覆獄

8-136 正+8-144 正　令下覆獄遝遷陵隸臣鄧　按：辭例殘缺。

8-164 正+8-1475 正　□□而後論者獄校廿一牒

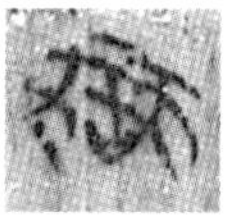

8-273+8-520　獄東曹書一封

8-1886 獄南曹書三封

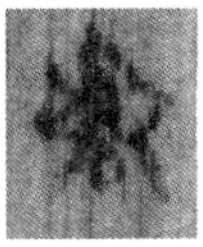

16-1010 獄史大夫

鼠

1068

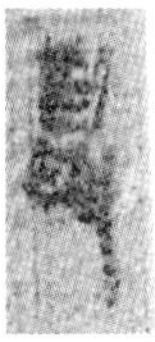

8-1057 鼢鼠

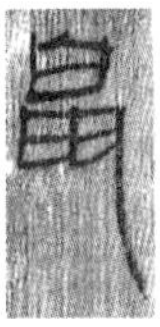

8-1242正 鼠劵束

8-2467 ☑□稾人捕鼠☑

鼢

1069

8-1057 鼢鼠

8-1057 石、薪夷、甘草各與鼢☑

能

1070

8-198正+8-213正+8-2013正 不能

8-60正+8-656正+8-665正+8-748正 ☑自言家能入

8-1517正 能自食

8-1721 毋令少吏、吏徒能襲爲

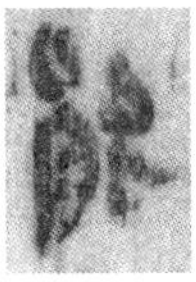

9-3a 家貧弗能入

9-7a　家貧弗能入

熊

1071

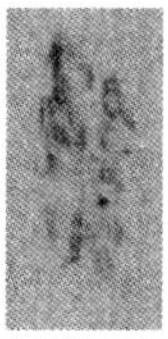

K2/23 第一欄　弟不更熊　按：「熊」，人名。

火

1072

8-454 第三欄　水火所敗亡

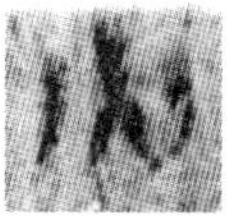

8-645 正　水火敗亡課

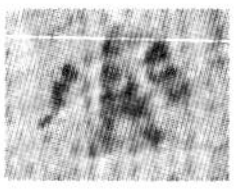

8-1511 正　水火敗亡者課

然

1073

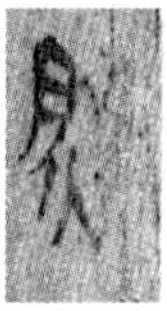

8-258　☐□□狀□然而出不□□爲麥

8-883　亦盡然各以程令□□

燔

1074

8-1620　藥燔末

炭

1075

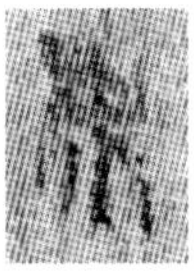

9-2294a+9-2305a+8-145正第三欄　一人爲炭：劇　按：「炭」，《釋文》未釋，《校釋》釋「烏」，學者或釋「炭」。

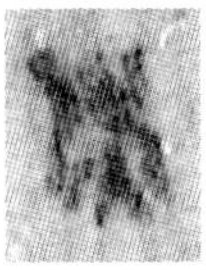

8-2089第三欄　一人爲炭：劇　按：「炭」，《釋文》未釋，《校釋》釋「烏」，學者或釋「炭」。

尉

1076

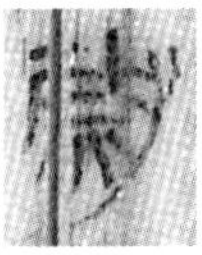

8-143正+8-69正+8-2161正　尉主

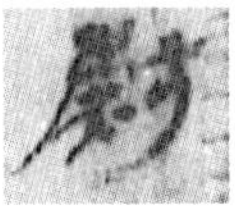

8-140正　尉守

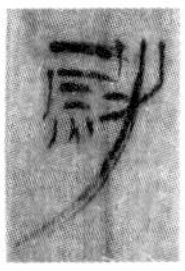

8-699背　尉☐☐　按：辭例殘缺。

8-1620　尉（熨）熱□▨▨　按：「尉」，通「熨」。

9-3a　洞庭尉令

9-7b　洞庭叚（假）尉

灼

1077

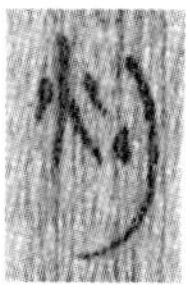

8-1221　病暴心痛灼灼者

𤓰

1078

5-19　▨實焦□▨　按：「焦」，字形與《說文》或體同。

熱

1079

8-1620　尉（熨）熱□▨

燥

1080

8-1243 暴（曝）若有所燥，治

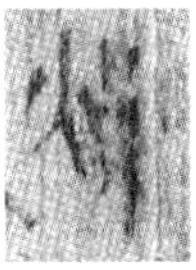

8-792+8-1772 若有所燥，治

㷉

1081

5-33正 㷉組□□車□□ 按：辭例殘缺。

黑

1082

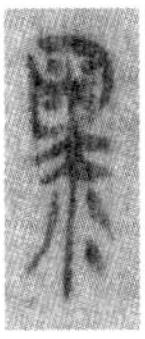

7-4a 求筆及黑（墨） 按：「黑」，同「墨」。

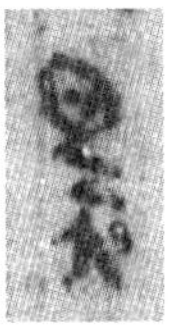

8-207正 黑爰（猨）一

8-871 ☐城宗里黑 按：「黑」，人名。

8-1070 大女子青黑 按：「青黑」，人名。

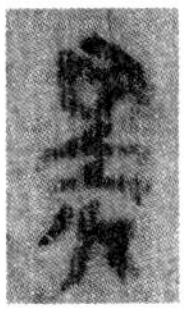

9-757 黑色

15-259 黑色

黚

1083

9-1625　公孫黚　按：「公孫黚」，人名。

黔

1084

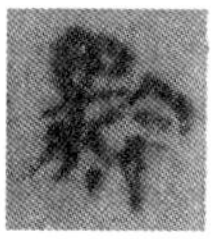

7-304a　黔首

8-223　黔首

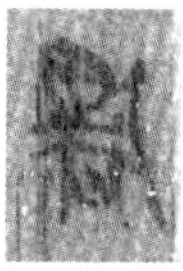

8-434　黔首

8-1796　黔首

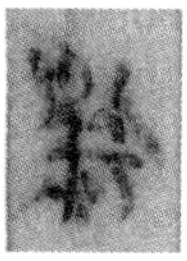

9-1308　黔首

16-6a　黔首

里耶秦簡文字編·卷十下

囪

1085

8-1584　小女、窗、歐　按：「窗」，字形與《說文》或體同。人名。

赤

1086

8-18　隸臣赤　按：「赤」，人名。

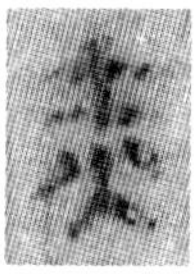

8-439+8-519+8-537+8-1899　赤色

8-1210　赤約一

8-1042+8-1363　赤雄雞冠

10-1347 司空守赤 按：「赤」，人名。

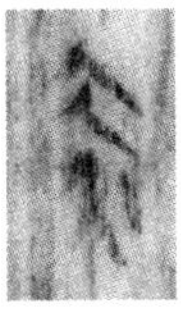

16-223 采赤金

赫

1087

14-300+14-764 城旦赫 按：「赫」，人名。

14-649+14-679 城旦赫 按：「赫」，人名。

赩

1088

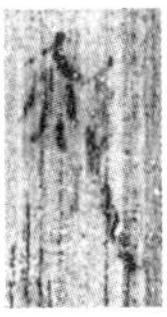

8-1633 赩□□□□⧄ 按：「赩」，《釋文》釋「赦」，《校釋》釋「赩」。辭例殘缺。

大

1089

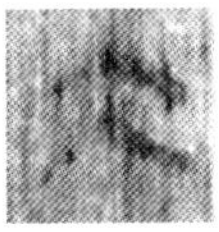

5-18 大奴一人

8-529背 大一七弩，大二件將

8-1444正 大女子

8-659正+8-2088 敢大心再拜 按：書信用語。

9-43 大女子

12-730 大隸妾

夸

1090

8-1004 ☐夸曰：留十五日，說急告令去 按：「夸」，人名。

夷

1091

8-136背+8-144背 夷吾 按：「夷吾」，人名。

8-160 夷陵 按：「夷陵」，地名。

8-753背 襲夷山 按：「夷」，《釋文》釋「寅」，《校釋》釋「夷」。似為習字簡。

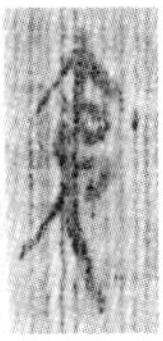

8-1057　薪夷

8-1250　夷陵　按：「夷陵」，地名。

亦 1092

8-67正+8-652正　毋有亦言

8-883　亦盡然各以程令□□

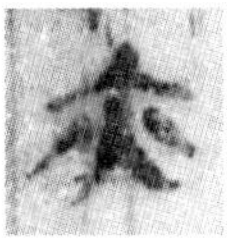

8-2035正　☑居貲亦雜診

奊 1093

8-1562正　奊詾　按：「奊」，《釋文》未釋，《校釋》釋「奊」。

吳 1094

8-566　吳釵銖☑　按：辭例殘缺。

8-894　大男子吳騷　按：「吳騷」，人名。

8-1380正　嗅吳☐

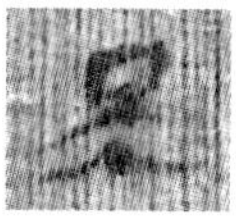

按：辭例殘缺。

㚔

1095

7-4a　幸賜

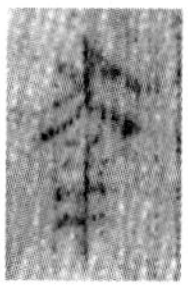

8-227+8-598+8-624　幸賜

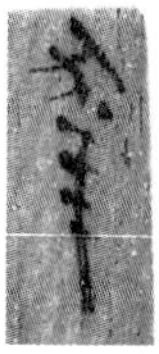

8-678正　幸之

8-1143+8-1631　奴幸　按：「幸」，人名。

8-1570　幸告使者

奔

1096

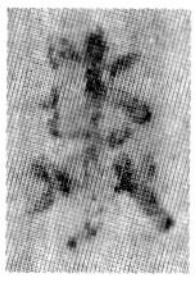

8-439+8-519+8-537+8-1899　奔命　按：《釋文》釋「卉」，《校釋》釋「奔」。

14-831b　亡奔

交

1097

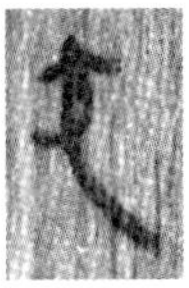

8-1069正+8-1434正+8-1520正　交、頡、徐、娃、聚　按：「交」，人名。

8-1477背　守府交　按：「交」，人名。

壹

1098

8-434　三月壹上發黔首

8-711正　壹

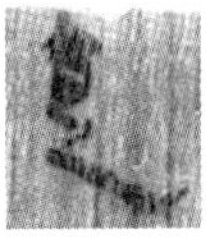

8-767正　二月壹上人臣治（笞）者名

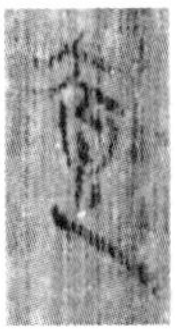

8-875　官相付受毋過壹樓

8-1715+8-1893　書尉此壹☐　按：辭例殘缺。

執
1099

8-1517背　更戍士五（伍）城父陽翟執　按：「執」，人名。

報
1100

8-63正　署計年爲報

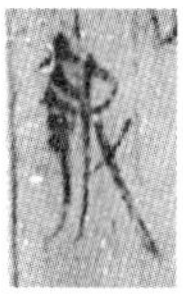
8-100·1　謁報☐

8-140正　具爲報

8-731背　☐以郵行，不求報，敢言之

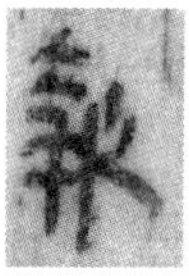
9-3a　署計年名爲報

9-7a　謁報

奢
1101

8-683正　鬼薪奢　按：「奢」，人名。

奏

1102

8-251　⧄有應書者，爲奏當上薄⧄

8-433　三月甲辰，令佐華劾奏□⧄

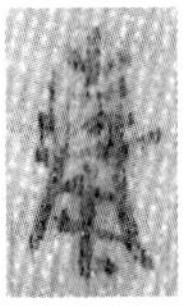

8-1060+8-1405　⧄□劾奏

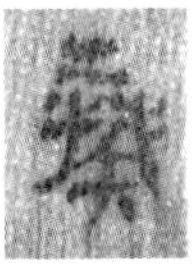

8-1447正　⧄它坐，它如奏

8-1695　論奏

奚

1103

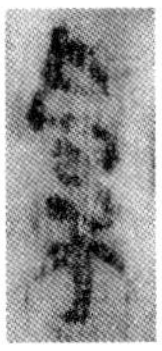

15-259　奚敢言之

夫

1104

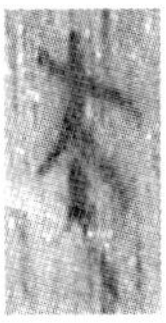

5-1正　嗇夫

8-157正　啟陵鄉夫　按：「夫」，人名。

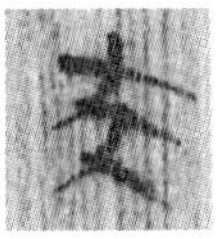

8-1445正　啟陵鄉守夫　按：「夫」，人名。

8-1557正 貳春鄉守氏夫 按：「氏夫」，人名。

12-1178 大夫

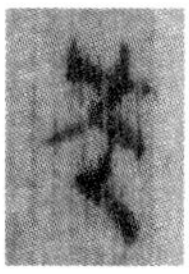

16-1010 獄史大夫

規

1105

8-143背+8-69背+8-2161背 隸妾規行☐ 按：「規」，人名。

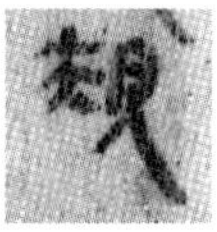

8-1437背 武武武規規買 按：習字簡。

端

1106

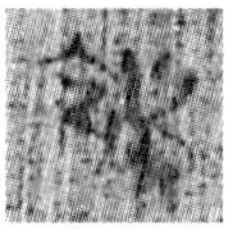

8-173背 端發 按：「端」，人名。

8-894 年至今可六十三四歲，行到端，毋它疵瑕

8-1555正第二欄　端月

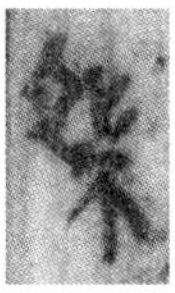

16-6a　令人日夜端行

竘 1107

8-1256　小男子竘令　按：「竘令」，人名。

竭 1108

8-1275　公士旬陽隄陵竭　按：「竭」，人名。

竝 1109

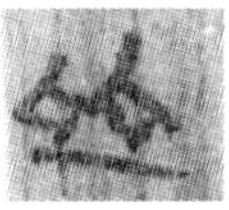

8-1070　大女子巍竝　按：「巍竝」，人名。

思 1110

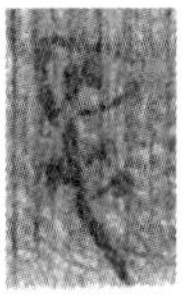

8-1444正　大女子可思　按：「可思」，人名。

心

1111

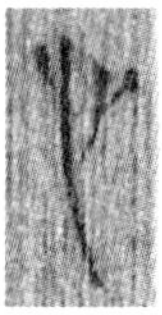

8-1221　心痛灼灼者

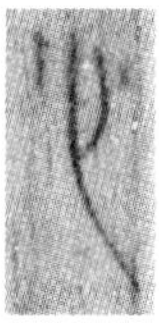

8-1718　心腹痛

8-1909　☐心多問□□□☐　按：應為書信用語。

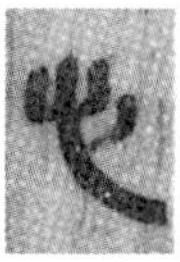

8-659正+8-2088　敢大心再拜多問

息

1112

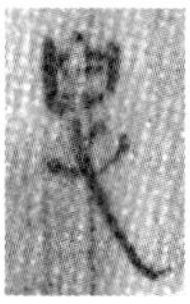

8-183+8-290　息秏（耗）

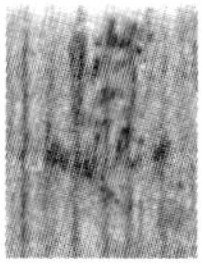

8-1516正　課廿四年畜息子得錢殿

志

1113

7-67+9-631第一欄　遷陵吏志

8-42+8-55　☐事志一牒

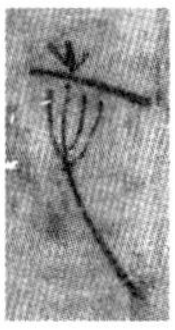

8-94　群志式具此中

8-455第一欄　貳春鄉枝（枳）枸志

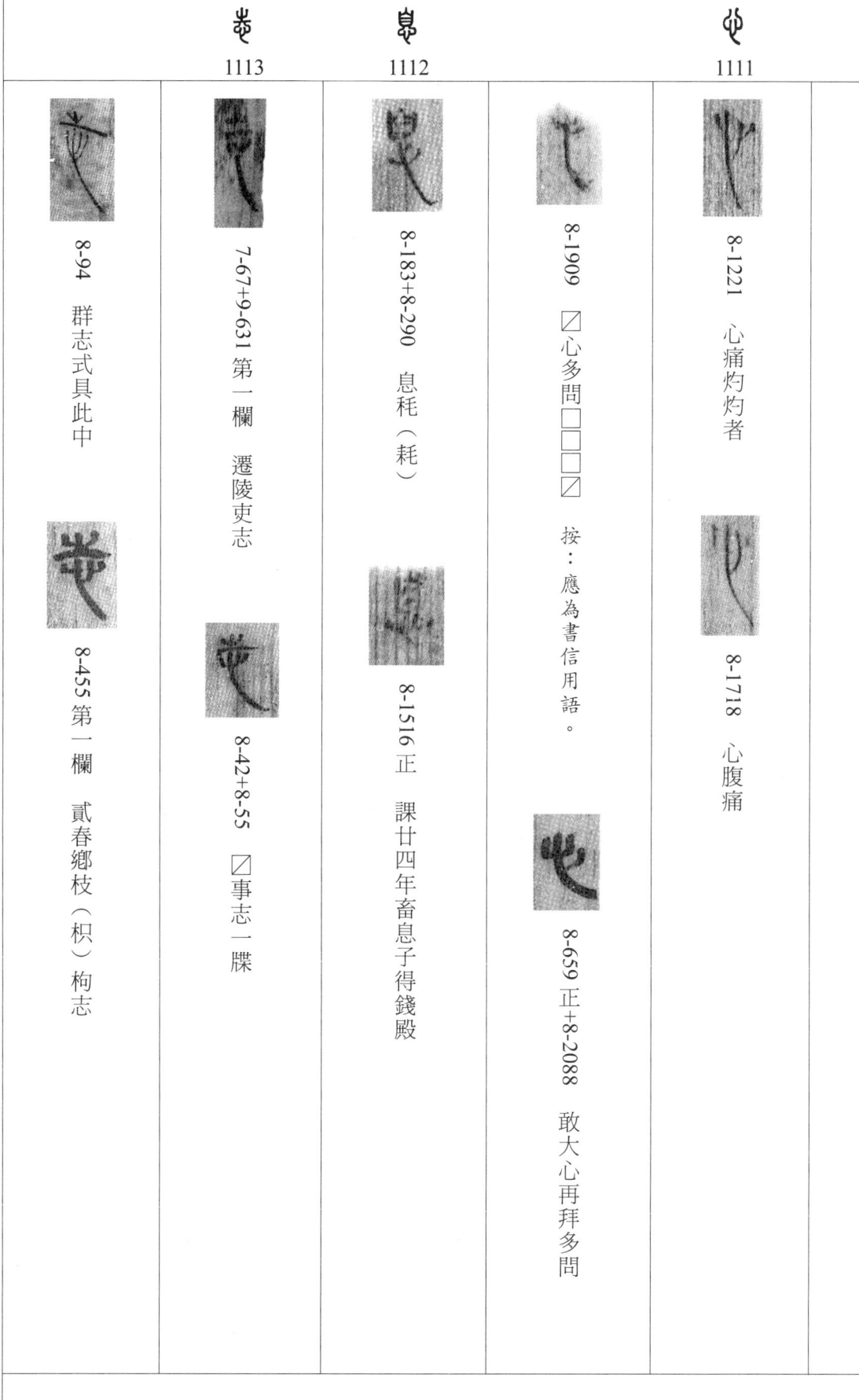

16-752　計籍志

意

1114

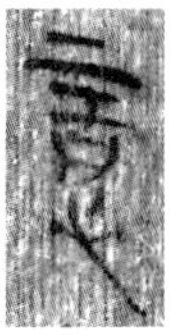

8-771背　不意且更求更

8-1446背　酉意意意　按：習字簡。

8-1525正　啟陵鄉守意　按：「意」，人名。

8-2084　☐如意手　按：「如意」，人名。

應

1115

8-8　☐毋應此里人名者

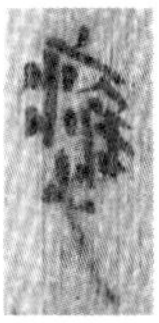

8-41　不應

8-251　☐有應書者

8-754正+8-1007正　不應律令

8-1454正+8-1629　不應律

慎
1116

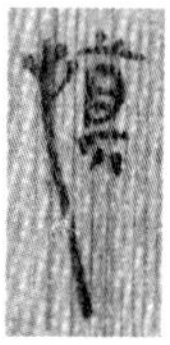
8-1444正　江陵慎里　按：「慎里」，地名。

忠
1117

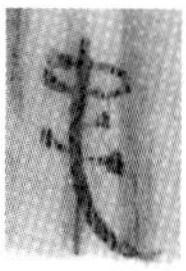
8-40　☐忠☐　按：辭例殘缺。

8-72正　忠手　按：「忠」，人名。

8-980　稾人忠　按：「忠」，人名。

8-1538　忠☐　按：「忠」，人名。

快
1118

8-71背　守府快行尉曹

8-140正　旦守府快行

8-157背　戊戌日中守府快行

8-663第一欄 一人廷守府：快 按：「快」，人名。

9-1594 守府快以來 按：「快」，人名。

16-1 時守府快以來 按：「快」，人名。

愿

1119

8-1554正 大婢闌、愿、多 按：「愿」，人名。

恬

1120

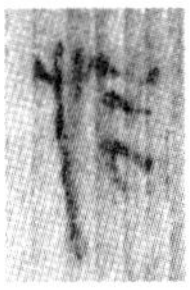

8-1525背 恬手 按：「恬」，人名。

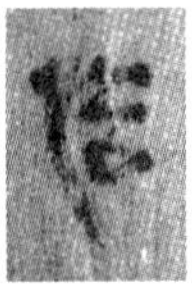

8-1797 鄉守恬 按：「恬」，人名。

8-2170 ☐守恬敢言之☐ 按：「恬」，人名。

8-2243 ☐陵鄉守恬☐☐ 按：「恬」，人名。

懋

1121

9-14a 寡婦懋 按：「懋」，人名。

慶

1122

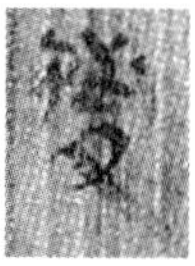

8-63背 慶半 按：「慶」，人名。

8-78正 毋令慶有所遠之 按：「慶」，人名。

8-138背+8-174背+8-522背+8-523背第一欄 令史慶行廟 按：「慶」，人名。

8-163正 廐守慶 按：「慶」，人名。

急

1123

8-138背+8-174背+8-522背+8-523背第一欄　令史慶行廟　按：「慶」，人名。

9-10b　陽陵守丞慶　按：「慶」，人名。

8-90　⧄遷陵以郵利足行洞庭，急

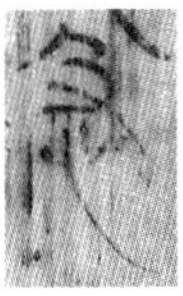

8-182　遷陵故令人行洞庭，急

8-756　急事

8-2377　⧄及及急□　按：「急」，字形右側略殘。似為習字簡。

9-38　期會事皆急

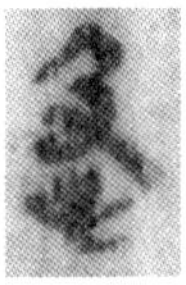

16-6a　急事

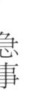

悍 1124

8-78正　卒史悍　按：「悍」，人名。

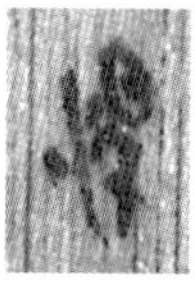

8-781+8-1102　壞德中里悍　按：「悍」，人名。

8-1037　☐令史悍視平　按：「悍」，人名。

8-1574+8-1787　壞（褱）德中里悍　按：「悍」，人名。

忘 1125

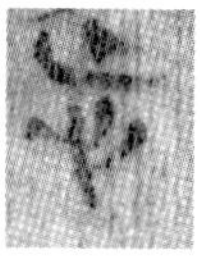

8-1065　私進令史忘季自發　按：「忘季」，人名。

憧 1126

8-1210　☐憧赤約一　按：「憧」，《釋文》、《校釋》釋「墥」，應為「憧」。

忌

1127

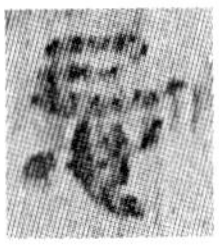

8-149+8-489第二欄　☐☐長忌再☐署　按：「忌」，人名。

8-1069正+8-143正+8-1520正　慶忌　按：「慶忌」，人名。

惡

1128

8-534　惡髮須

8-811+8-1572　罪惡

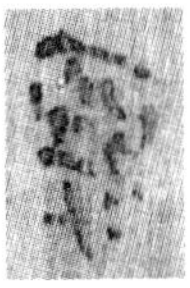

8-985　士五（伍）高里惡　按：「惡」，人名。

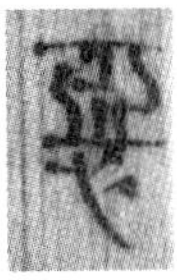

8-1042+8-1363　惡聞人聲

8-1363　臨食而惡臭

惜

1129

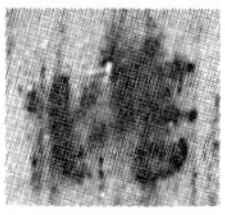

8-61背+8-293背+8-2012背 ☐佐惜以來 按：「惜」，人名。

感

1130

8-45+8-270 史感 按：「感」，人名。

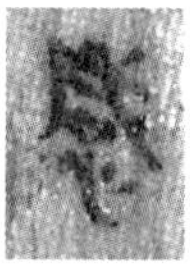

8-211 史感 按：「感」，人名。

8-217 史感 按：「感」，人名。

8-1128 感手 按：「感」，人名。

8-1580 史感 按：「感」，人名。

8-1794 史感 按：「感」，人名。

恙

1131

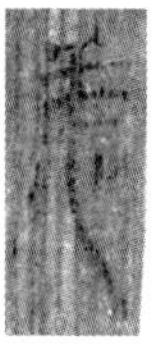

8-823正+8-1997正 毋恙毆

8-659正+8-2088 毋恙毆

恐

1132

6-28　☐☐其言恐走實不見☐

8-1463正　至今不來，求弗得，恐爲☐

忍

1133

8-63背　胊忍　按：「胊忍」，地名。

8-396正　☐忍　按：辭例殘缺。

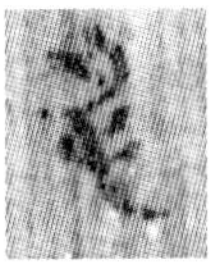

8-988　胊忍　按：「胊忍」，地名。

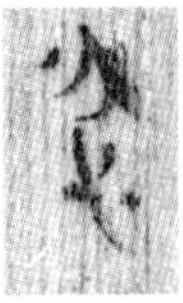

8-1584　隸妾忍　按：「忍」，人名。

8-1732　胊忍　按：「胊忍」，地名。

忎

1134

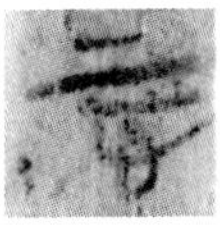

5-5正　☐⿱戔止夌公叚忎告誘☐　按：「叚忎」，人名。此簡帶有楚文字風格。

悥

1135

5-9正　☐悥以公命告☐☐　按：語義不詳。

⿸广惠

1136

6-4　令史⿸广惠　按：「⿸广惠」，人名。

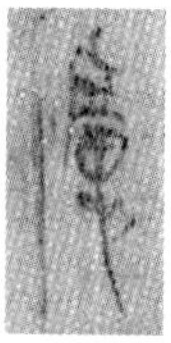

8-63正　⿸广惠手　按：「⿸广惠」，人名。

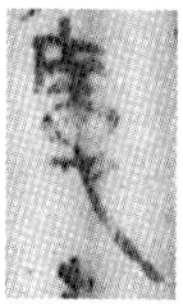

8-135正　⿸广惠手　按：「⿸广惠」，人名。

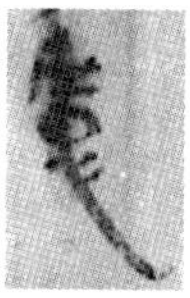

8-135背　⿸广惠半　按：「⿸广惠」，人名。

8-138背+8-174背+8-522背+8-523背第一欄　令史⿸广惠　按：「⿸广惠」，人名。

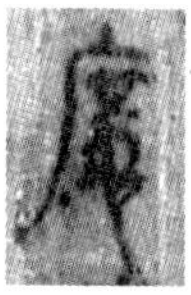

8-138背+8-174背+8-522背+8-523背第一欄　令史⿸广惠　按：「⿸广惠」，人名。

里耶秦簡文字編·卷十一上

水

1137

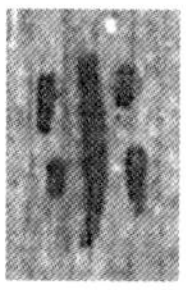

5-22　水下三刻

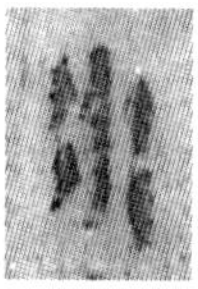

8-62背　水十一刻

8-454第三欄　水火所敗亡

8-1566背第二欄　戊申水下五刻

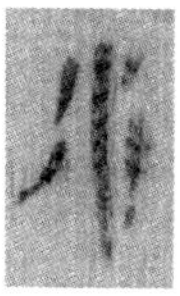

9-1138　歙水

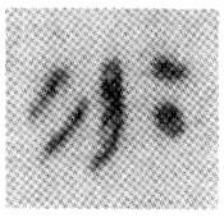

16-5b　三月癸丑水下盡

河
1138

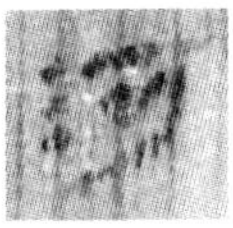

8-2061 ▨戌朔庚戌，輪曹河□▨

涪
1139

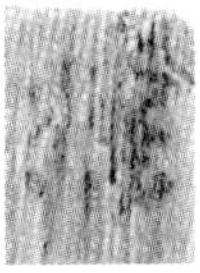

8-650正+8-1462正 涪陵 按：「涪陵」，地名。

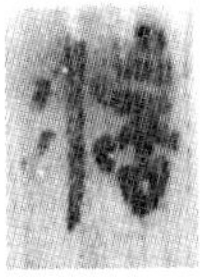

8-1206 涪陵 按：「涪陵」，地名。

潼
1140

8-71正 梓潼 按：「潼」，字形左側略殘。「梓潼」，地名。

8-1445正 梓潼 按：「梓潼」，地名。

江
1141

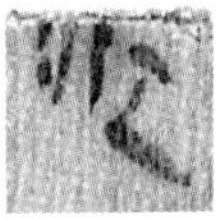

8-262 ▨江西就旁 按：辭例殘缺，似為地名。

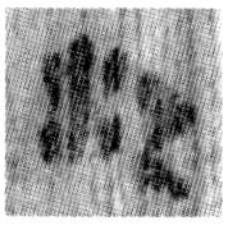

8-1321+8-1324+8-1328 江陵東就婓⍁ 按：「江陵」，地名。

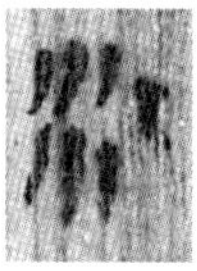

8-1444背 江陵 按：「江陵」，地名。

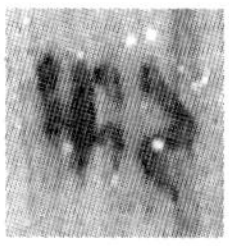

8-61正+8-293正+8-2012正 江州 按：「江州」，地名。

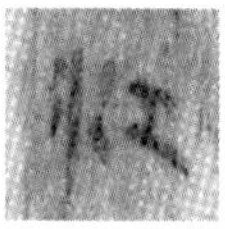

8-2056 廬江 按：「廬江」，地名。

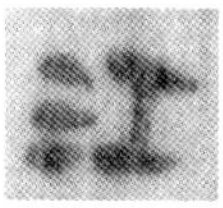

16-52第二欄 江陵 按：「江陵」，地名。

沱

1142

8-454第一欄 池課

溫

1143

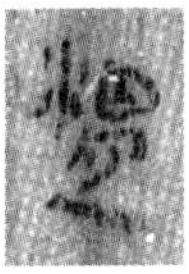

8-110背 8-669背　令佐溫　按：「溫」，人名。

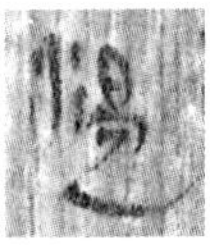

8-1221　溫醇酒

8-1290+8-1397　溫酒一桮（杯）

8-1517背　令佐溫　按：「溫」，人名。

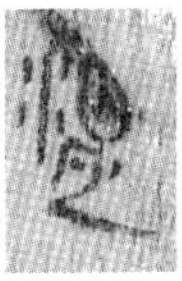

8-1558正　⧄□溫與養隸臣獲偕之蓬傳　按：「溫」，人名。

沮

1144

8-140正　臨沮　按：「臨沮」，地名。

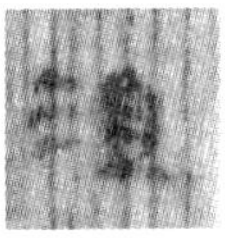

8-1516正　沮守　按：「沮」，地名。

8-1516正　沮守　按：「沮」，地名。

涂

1145

9-1112b　走涂　按：「涂」，人名。

沅

1146

6-4　沅陵　按：「沅陵」，地名。

8-255　沅陵　按：「沅陵」，地名。

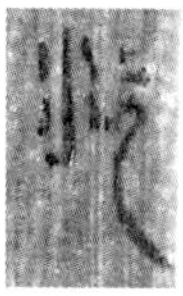

8-855　臨沅　按：「臨沅」，地名。

8-1722　臨沅　按：「臨沅」，地名。

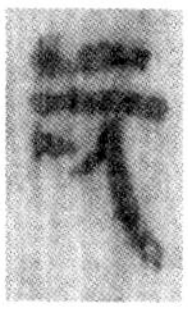

16-52　臨沅　按：「臨沅」，地名。

涇

1147

16-2　平邑鄉涇下佐昌

渭

1148

8-239第二欄　一人徒養：渭　按：「渭」，人名。

8-212+8-426+8-1632　春小城旦渭　按：「渭」，人名。

漢

1149

8-135正　競陵漢陰　按：「漢」，《釋文》釋「蘯」，《校釋》從陳劍釋「漢」。「漢陰」，地名。

8-1555正第二欄　臨漢

澮

1150

8-533第二欄　澮司寇　按：「澮」，《釋文》、《校釋》釋「憎」，實為「澮」。人名。

灌 1151	 8-162第二欄 二人爲庫取灌
	 8-1429正 □□日灌會□□ 按：「灌」，《釋文》未釋，《校釋》釋「灌」。辭例殘缺。
深 1152	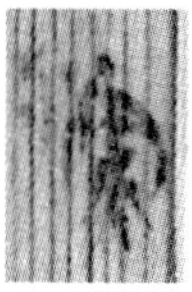 8-1369+8-1937 穿地深二尺 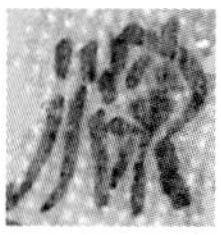 8-659正+8-2088正 深山中
濮 1153	 9-2307 濮人
沂 1154	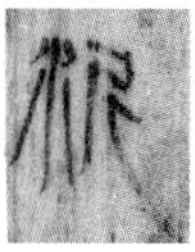 8-741背 沂所☐ 按：辭例殘缺。  8-882 泥沂鄉斤守沂陽守泥 按：習字簡。

8-882　泥沂鄉斤守沂陽守泥　按：習字簡。

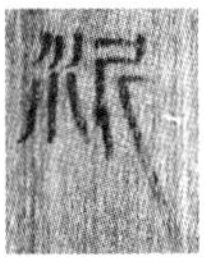

8-1433背　沂所斤所所斤已　按：習字簡。

治

1155

8-265　覆獄沅陵獄佐已治在所洞庭

8-757　治虜御史

8-1418+8-1832　令曰：諸有吏治已決而更治者

8-143正+8-69正+8-2161正　繕治

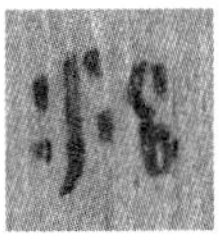

9-26　元年少內金錢日治笥

16-886a　治所

渚

1156

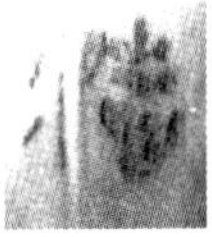

8-1797　☐渚即□之及其□☐　按：辭例殘缺。

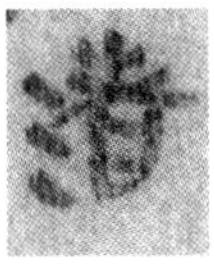

16-9a　渚里　按：「渚里」，地名。

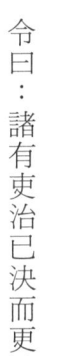

泥

1157

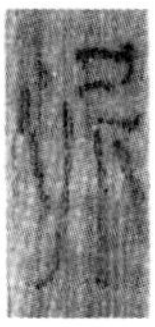

8-882　泥沂鄉斤守沂陽守泥　按：「泥」，《釋文》釋「沂」，《校釋》釋「泥」。習字簡。

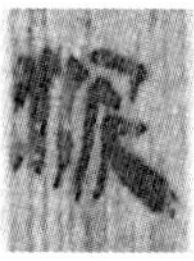

8-1293正+8-1459正+8-1466正　泥陽　按：「泥」，《釋文》釋「沂」，《校釋》釋「泥」。「泥陽」，地名。

衍

1158

8-1450正　上衍　按：「上衍」，地名。

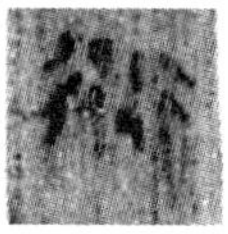

8-2414　上衍　按：「上衍」，地名。

12-1784a　以上衍印行事　按：「上衍」，地名。

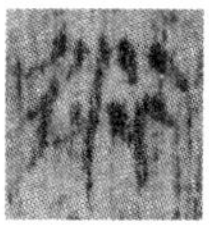

17-14a　衍氏　按：「衍氏」，地名。

K49第一欄　子不更衍　按：「衍」，人名。

涓 1159

8-141正+8-668正 發弩守涓 按：「涓」，人名。

8-682正 嗛、涓、姣、隋 按：「涓」，人名。

滂 1160

8-63正 旬陽丞滂 按：「滂」，人名。

滕 1161

8-533第二欄 滕司寇 按：「滕」，人名。

浮 1162

8-550 浮皙色，長六尺六寸 按：「浮」，人名。

洞

1163

5-35　洞庭　按：「洞庭」，地名。

6-2　洞庭　按：「洞庭」，地名。

8-1149　洞庭郡　按：「洞庭」，地名。

9-3a　洞庭郡　按：「洞庭」，地名。

11-34　洞庭監御史　按：「洞庭」，地名。

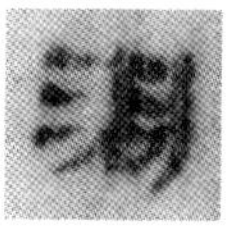

16-6a　洞庭　按：「洞庭」，地名。

滑

1164

8-48　⧄☐隸臣滑人　按：「滑人」，人名。

8-1259正　二人病：賀、滑　按：「滑」，人名。

澤

1165

8-681正+8-1641第二欄 五人除道：澤、務 按：「澤」，人名。

9-2064 子小女子澤若 按：「澤若」，人名。

浧

1166

16-2 佐浧童 按：《博物館校訂》釋「涅」，實為「浧」。「浧童」，人名。

淺

1167

8-66正+8-208正 門淺 按：「門淺」，地名。

8-1184 門淺 按：「門淺」，地名。

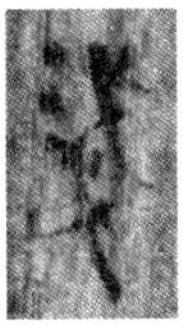

9-712a+9-758a 門淺 按：「門淺」，地名。

9-712a+9-758a　門淺　按：「門淺」，地名。

10-1170第四欄　門淺　按：「門淺」，地名。

沙

1168

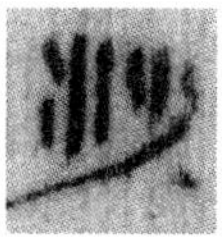

9-2064　妻大女子沙　按：「沙」，人名。

沼

1169

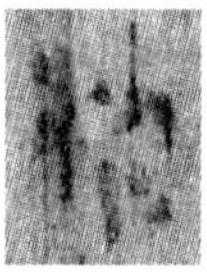

8-538　沼里　按：「沼里」，地名。

瀆

1170

8-1407　上水瀆☐　按：辭例殘缺。

渠

1171

8-128 ▨與從事而云渠▨ 按：辭例殘缺。

8-754正+8-1007正 貳春鄉鄉渠 按：「渠」，人名。

8-1123 渠良 按：「渠良」，人名。

8-793+8-1547 司空渠良 按：「渠良」，人名。

8-1562正 令令啟陵捕獻鳥，得明渠雌一 按：「明渠」，鳥名。

決

1172

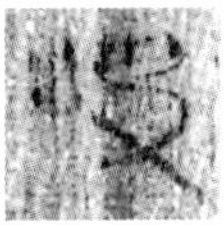

8-1639 以決事解何

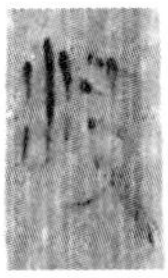

8-1418+8-1832 令曰：諸有吏治已決而更治者

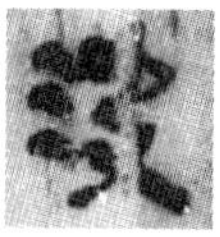

8-2317　☐□決□☐

按：辭例殘缺。

注

1173

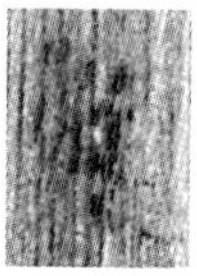

8-1369+8-1937　水三四斗，潰（沸），注□

按：辭例殘缺。

津

1174

8-651正　啟陵津

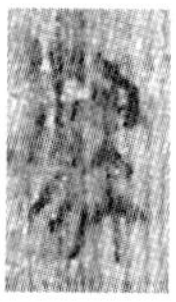

8-769　問津吏徒莫智（知）

12-849a　貳春津當用船一㮴

沒

1175

8-2274　☐□貲贖責（債）沒負償賷☐

澍 1176

8-682正 隋、澍、支、章 按：「澍」，人名。

沈 1177

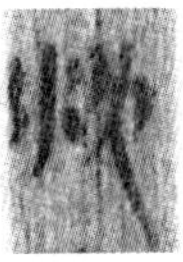

8-1214 少內沈 按：「沈」，人名。

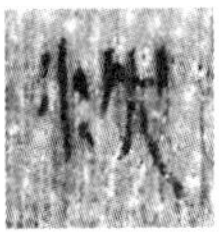

8-1233+8-1512 少內沈 按：「沈」，人名。

8-1399 沈手 按：「沈」，人名。

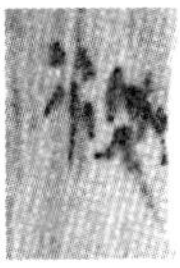

8-1554背 都鄉守沈 按：「沈」，人名。

浚 1178

8-793+8-1547 倉溲 按：「溲」，人名。

灑 1179

8-529正 灑桼用白布六尺

泰

1180

6-12　粟五石三斗泰半

7-304a　泰（大）凡百八十九人死亡　按：「泰」，同「大」。

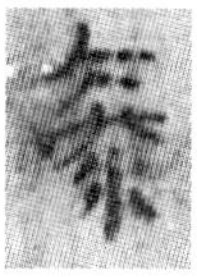

8-197正　泰（大）抵　按：「泰」，同「大」。

8-273+8-520　泰（太）守府　按：「泰」，同「太」。

9-1594　泰（太）守府

10-1595a　泰（太）守

16-1　泰（太）守府

漕

1181

8-2191背　又（有）留不傳閬中漕☐

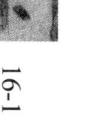

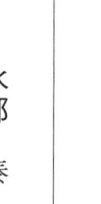

泿

1182

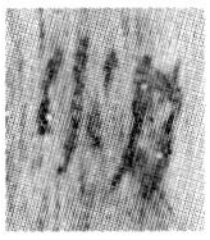

8-1290+8-1397 恒泿（服）藥廿日 按：「泿」，《釋文》釋「汲」，《校釋》釋「泿」，通「服」。

淄

1183

12-1786+8-2265 尉槖淄 按：「槖淄」，人名。

潰

1184

8-1369+8-1937 □水三四斗，潰（沸），注□ 按：「潰」，同「沸」。

里耶秦簡文字編·卷十一下

1185 𣴎

9-3a 毋聽流辤（辭） 按：「流」，字形與《說文》篆文𣴎同。

1186 𡿺

8-260 發𡿺☐ 按：「𡿺」，《釋文》釋「⿰粦几」，《校釋》釋「𡿺」。辭例殘缺。

8-1262 ☐□𡿺卒廚卒 按：「𡿺」，《釋文》釋「⿰粦几」，《校釋》釋「𡿺」。

川

1187

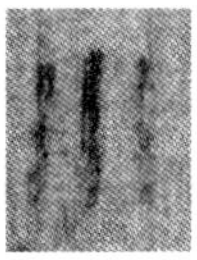

14-638　參川都　按：「參川都」，地名。

州

1188

8-63正　佐州里煩故爲公田吏　按：「州里」，地名。

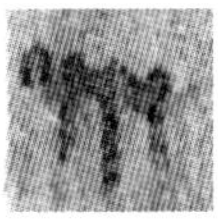

8-736正　其四人吏養：唯、冰、州、□▨　按：「州」，人名。

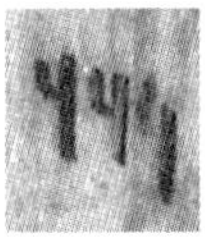

8-61正+8-293正+8-2012正　以江州印行事　按：「江州」，地名。

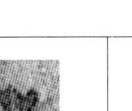

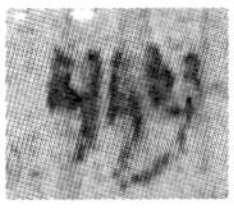

8-2137　▨□冰州臺□▨　按：辭例殘缺。

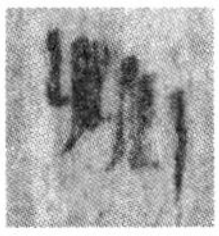

14-948a　敢告州陵▨　按：辭例殘缺。

泉

1189

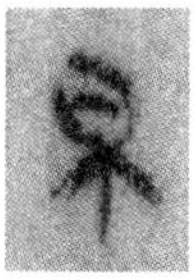

16-2　故鄉守士五（伍）泉中克　按：「泉」，似為地名。

厵

1190

8-92第一欄　閻水原貳山　按：語義不詳。「原」，字形與《說文》篆文原同。

8-608　☐水原　按：辭例殘缺。

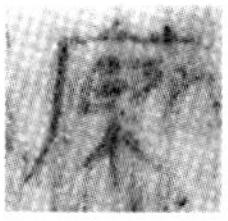

8-2009正　☐原出遷陵□□□☐　按：辭例殘缺。

8-2040背　平城泰原☐　按：「原」，字形略殘。「泰原」，地名。

谿

1191

8-439+8-519+8-537+8-1899　零陽⿸疒無谿橋　按：「⿸疒無谿橋」，地名。

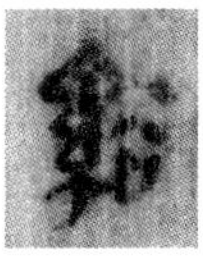

9-11a 陽陵谿里 按：「谿里」，地名。

9-2352a 行到暴詔谿 按：「暴詔谿」，地名。

冰

1192

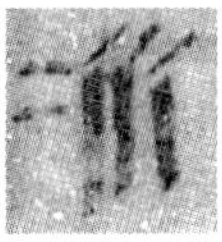

8-60背+8-656背+8-665背+8-748背 冰手 按：「冰」，人名。

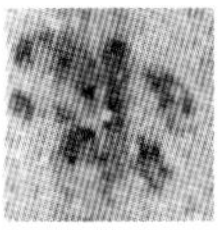

8-736正 其四人吏養：唯、冰、州、□☒ 按：「冰」，人名。

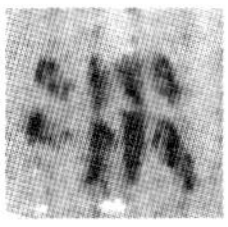

8-2137 ☒□冰州臺□☒ 按：辭例殘缺。

冬

1193

8-1022 冬瓜

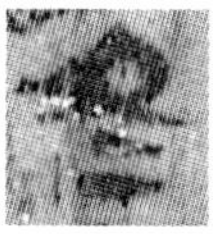

8-143正+8-69正+8-2161正 步（涉）冬多雨

12-2301 冬夏衣

治

1194

8-258 ☐□魯治麥□三

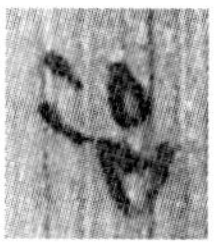

8-1221 桔橿（薑）、菌桂，治，各一

8-1243 若有所燥，治

8-792+8-1772 若有所燥，治

雨

1195

8-50+8-422 ☐□謁告所縣鄉，以次續食，雨☐

8-110正+8-669正 食如律，雨留不能□□☐

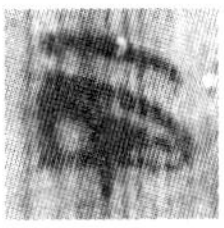
8-1517正 雨留不能投宿齎

8-225+8-302+8-1339+8-1786 天雨血，賜有病身疾

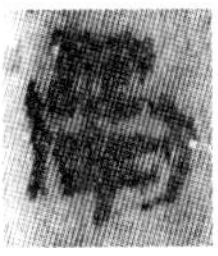
8-143正+8-69正+8-2161正 步（涉）冬多雨 按：「雨」，《釋文》釋「甬」，《校釋》釋「雨」。

零

1196

8-375 零陽 按：「零陽」，地名。

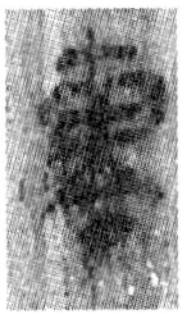
8-439+8-519+8-537+8-1899 零陽 按：「零陽」，地名。

8-1886 零陽 按：「零陽」，地名。

16-3 零陽 按：「零陽」，地名。

需

1197

8-1361　☐……需米百卅六　按：「米」，《釋文》釋「朱」，《校釋》釋「米」。「需米」，《校釋》疑即「糯米」。

雲

1198

8-128　☐與從事而云渠☐　按：「云」，字形與《說文》古文同。

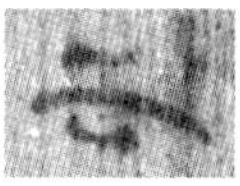

8-754正+8-1007正　不智（知）劾云貲三甲不應律令

8-1564　弗應而云當坐之狀何如

魚

1199

8-26+8-752正　魚（漁）陽　按：「魚」，通「漁」。「漁陽」，地名。

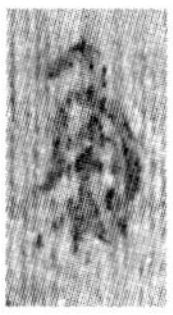

8-769正　鮫魚

8-769正 盧（鱸）魚

8-1022 乾魿魚

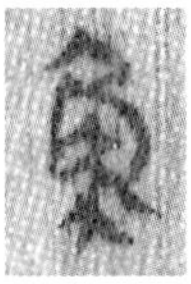
8-1705 乾鱸魚

8-2031☑背 魚即不食舍上☑

鯉

1200

9-2294a+9-2305a+8-145正第二欄 五人繕官：胥、金、廖、棹、鯉 按：「鯉」，人名。

鮮

1201

9-2294a+9-2305a+8-145正第五欄 嬈、粱、鮮、夜、喪 按：「鮮」，人名。

鮫

1202

8-769正 鮫魚

1203 魿

8-1022　乾魿魚

1204 鱸

8-1705　乾鱸魚

1205 燕

8-534　☐燕，今不智（知）死產存所，毋內孫　按：「燕」，似為人名。

8-1017第二欄　一人病：燕　按：「燕」，人名。

1206 龍

8-1496正　辤曰：偃署毋龍亭，往☐　按：「毋龍亭」，似為地名。

非

1207

8-130正+8-190正+8-193正 非弗智（知）殹

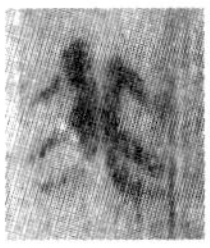

8-224+8-412+8-1415 ☒有不讎非實者自□☒

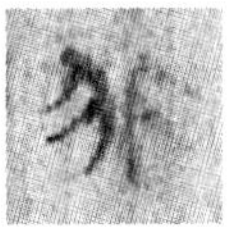

8-441 非是

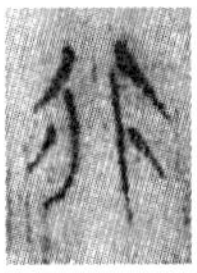

8-539 遺瘳有書，非直叚之

8-141正+8-668正 非能

8-942 治官有敗非☒

靡

1208

8-28 囚銜六石七斗未靡☒

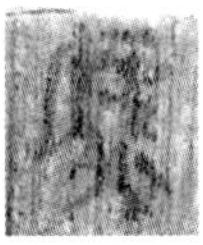

8-650正+8-1462正 靡千錢

卂

1209

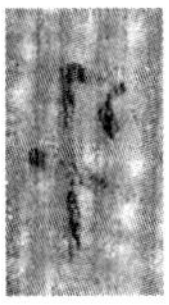

8-231 詰卂（訊）

按：「卂」，通「訊」。

籸

1210

8-1832+8-1418　卂（訊）敬　按：「卂」，通「訊」。「敬」，人名。

8-1047　令、丞各自爲比有籸別及以平賈　按：「籸」，似為「遴」之異體。

里耶秦簡文字編・卷十二上

不

1211

8-26+8-752 不更

8-41 不應

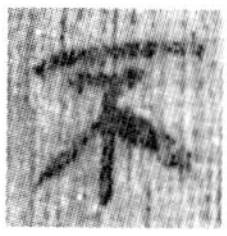

8-756 不可

9-3a 不識

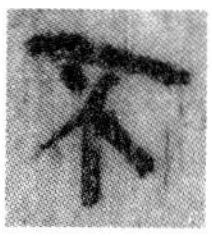

9-7a 不智（知）

9-38 不如守府期

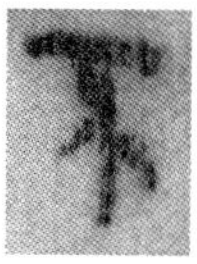

16-2 不備

至

1212

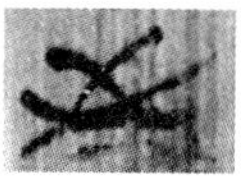

5-10 ☐以爲戉具，箸（書）至日☐☐ 按：此簡帶有楚系文字風格。

8-301+8-428　或至三四

8-1495正　至五月

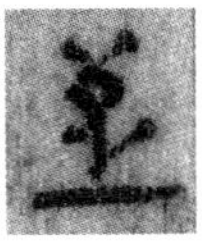

9-7b　至今

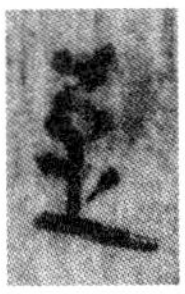

9-11a　至今

16-9a　至今

到

1213

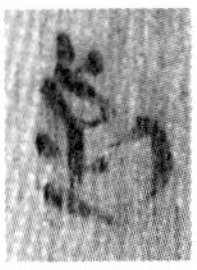

8-41　書到

8-158正　已到

8-1071　書以廿八年七月己酉到庫

10-954　龍亭到☐　按：辭例殘缺。

12-1784a　書到

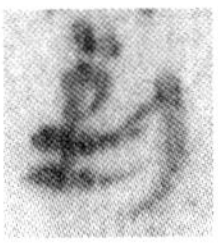

16-52第二欄　江陵到孱陵百一十里

臺

1214

8-2137　⧄□冰州臺赤⧄　按：辭例殘缺。

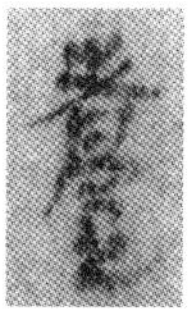

9-2352a　居臺　按：「居臺」，人名。

9-2352b　居臺　按：「居臺」，人名。

西

1215

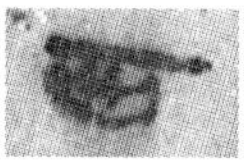

8-34　西巫里　按：「西」，地名。

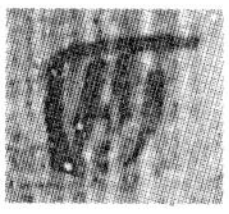

8-60正　僰道西里亭　按：「西里」，地名。

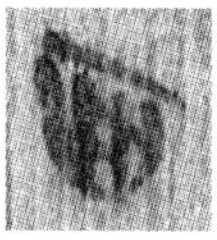

8-262　⧄江西就旁　按：「西就」，地名。

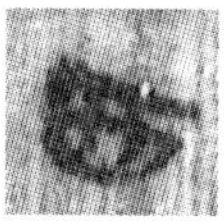

8-1450正　陽陵西就　按：「西就」，地名。

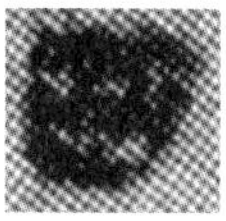

9-2352a　西首右臥

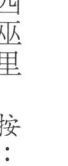

鹽 1216

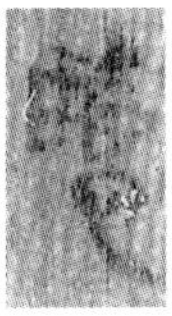

8-650正+8-1462正 買鹽

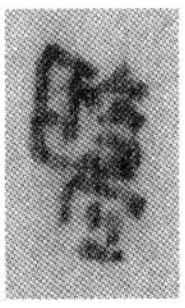

14-4 鹽四分升一以祠先農

戶 1217

8-1 廷戶發

8-65背 廷戶發

8-488第二欄 戶曹計錄

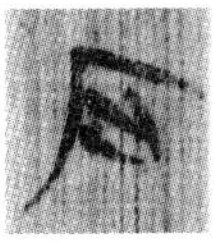

8-1236+8-1791 十二戶

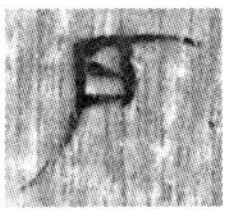

8-2547 廷主戶發

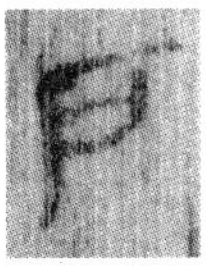

9-43 高里戶人大女子牡衡

扇 1218

8-1386 ☐闌課扇

戹 1219

8-361 戹（軛）二 按：「戹」，通「軛」。

8-1237　戹（軛）四兩　按：「戹」，通「軛」。

門

門

1220

8-66正+8-208正　門淺　按：「門淺」，地名。

8-410　鴈門泰守府　按：「鴈門」，地名。

8-649正　皆以門亭行

8-1184　門淺　按：「門淺」，地名。

9-2350a　武門外

闌

闌

1221

8-1386　☐闌諜扇　按：辭例殘缺。

閤

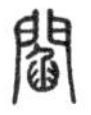

1222

8-92第一欄 閤水原貳山

8-92第一欄 閤單 按：語義不詳。

8-1437背 閤各有有□有買 按：習字簡。

閬

1223

8-931 閬中 按：「閬中」，地名。

8-2191背 閬中 按：「閬中」，地名。

閒

1224

8-798 ◪律閒閒閒帚帚 按：習字簡。

8-798 ◪律閒閒閒帚帚 按：習字簡。

8-1743背 閒、起贅 按：「閒」，人名。

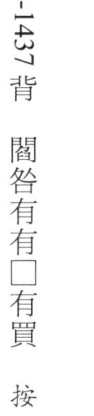

9-2294a+9-2305a+8-145正第二欄　三人削庭：央、閈、赫　按：「閈」，人名。

闌

1225

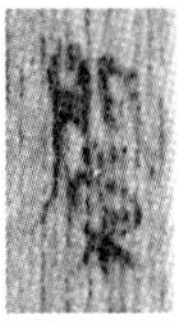

8-1230　取闌本一斗

8-1554正　大婢闌　按：「闌」，人名。

8-1716　毋將陽闌亡乏戶

關

1226

8-206正　武關內史　按：「武關」，地名。

8-169正+8-233+8-407+8-1185　未入關縣鄉

閱 1227

8-269第一欄　伐閱

聽 1228

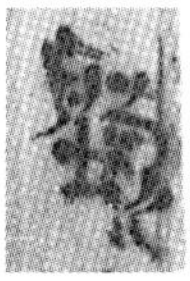

8-133背　聽書從事

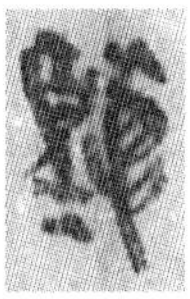

8-135正　聽書從事

8-198正+8-213+8-2013正　軍吏及鄉官弗當聽

8-600+8-637+8-1890　聽敢聽不從

9-3a　毋聽流辤

16-5b　聽書從事

職 1229

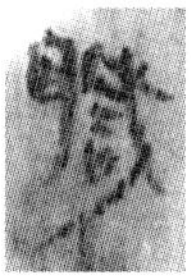

8-2068　☐□職以☐　按：辭例殘缺。

8-2147　☐當表職（識）者謹表☐　按：「職」，《校釋》以為通「識」。

8-2451　☐□職爲事毆☐　按：辭例殘缺。

聲 1230

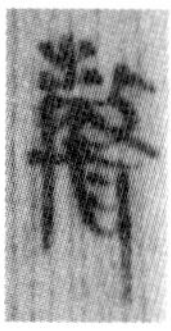

8-1042+8-1363　惡聞人聲

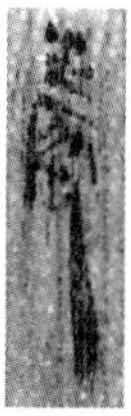

8-2122　☐聲牢人☐　按：辭例殘缺。

聞 1231

8-528正+8-532正+8-674正　☐御史聞代人多坐從以毄

8-1042+8-1363　惡聞人聲

8-2213　☐□若已聞令

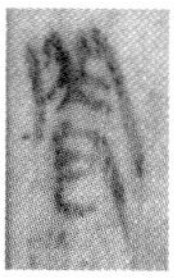

16-6b　聞令

1232 聶

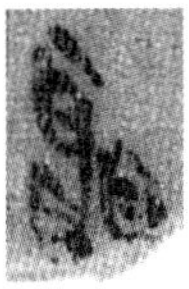

8-702背+8-751正　⍁□聶　按：辭例殘缺。

1233 巸

8-197正　守丞巸　按：「巸」，人名。

8-60正+8-656正+8-665正+8-748正　少內巸　按：「巸」，人名。

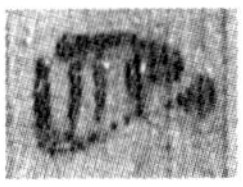

8-896　少內巸　按：「巸」，人名。

8-1525正　守丞巸　按：「巸」，人名。

12-1784a　巸手　按：「巸」，人名。

手

1234

8-61正+8-293正+8-2012正 和手

8-76背 敬手

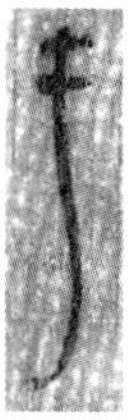

8-1492背 詘手

8-2092 得手

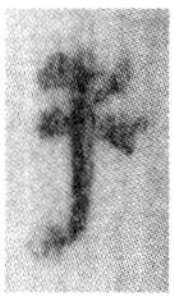

9-3b 堪手

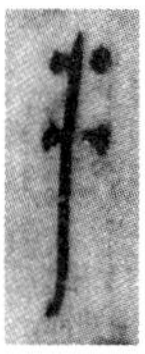

9-7b 嘉手

指

1235

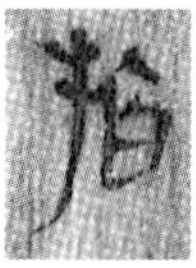

8-1221 三指最（撮）

捧

1236

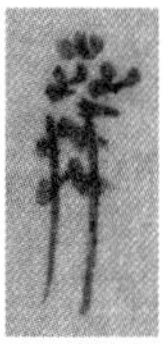

7-4a 辟席再捧及捧者

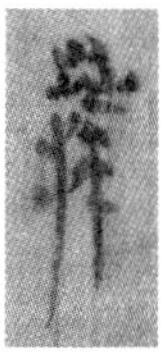

7-4a 辟席再捧及捧者

8-167正+8-194正+8-472+8-1011 敢再捧

抵

1237

8-197正 泰抵 按：「抵」，《釋文》釋「牴」，《校釋》釋「抵」。

扶

1238

8-201正 守丞扶如 按：「扶如」，人名。

操

1239

8-173正 令史操律令詣廷讎

8-439+8-519+8-537+8-1899 操具弩二

8-1306 旬陽平陽操 按：「操」，人名。

8-224+8-412+8-1415 即令卒史主者操圖詣

據

1240

8-86正 ☐里據☐ 按：「據」，人名。

8-86背　☐□三月戊午日中，據　按：「據」，人名。

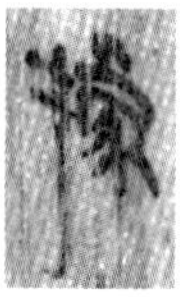
8-356　☐尉史據二甲　按：「據」，人名。

挾

1241

8-1721　挾臧（藏）

把

1242

8-219+8-310　橆（無）把拔挹☐　按：習字簡。

提

1243

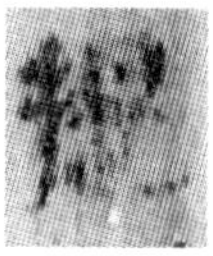
8-488第二欄　田提封計

擇

1244

8-313正　擇其美者

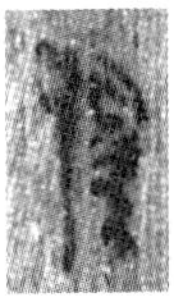

8-405　倉守擇　按：「擇」，人名。

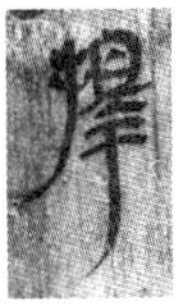

8-777　擇免歸

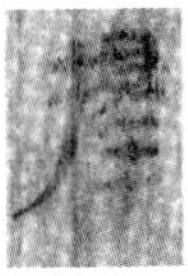

8-257+8-937+8-1078　倉守擇　按：「擇」，人名。

8-1820　倉守擇　按：「擇」，人名。

承

1245

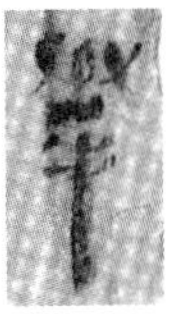

8-703　以承□▨　按：辭例殘缺。

投

1246

8-169正+8-233+8-407+8-416+8-1185　投宿齎

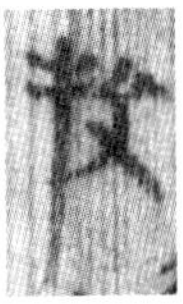

8-1517正　投宿齎

撓 1247

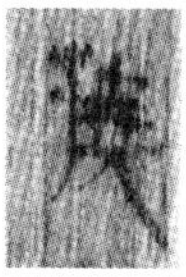

8-1766 ☐□撓歙 按：辭例殘缺。

擾 1248

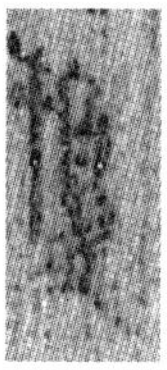

8-663 正第二欄 二人付庫：恬、擾 按：「擾」，人名。

8-2101 第一欄 ☐二付庫：快、擾 按：「擾」，人名。

揚 1249

8-181 背+8-1676 背 揚魁受□□□☐ 按：辭例殘缺。

舉 1250

8-152 正 舉事

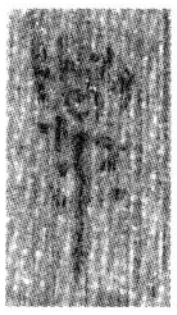

8-1054 ☐令縣舉傳囚斷

揄
1251

8-1540　嬰兒揄　按：「揄」，人名。

失
1252

8-70正+8-1913正　▨勿令繆失

8-138正+8-174正+8-522正+8-523正　失期

8-445　固陽失　按：「失」，人名。

8-1624正　充獄失守府毋計籍▨

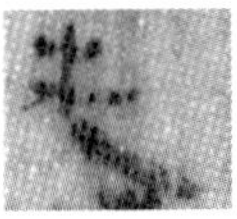
8-673背+8-2002背　失時▨

拾
1253

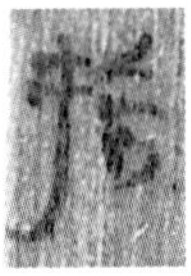
8-999　擇拾札

援

1254

8-56 稟人援 按：「援」，人名。

8-760 稟人援 按：「援」，人名。

8-1134 稟人援 按：「援」，人名。

8-1657 援手 按：「援」，人名。

8-2030正 ☐☐援歸休，未來 按：「援」，人名。

9-1869b 援發 按：「援」，人名。

拔

1255

7-304b 令拔 按：「拔」，人名。

8-219+8-310 橆（無）把拔抱 按：習字簡。

8-406 遷陵拔 按：「拔」，人名。

8-918 遷陵拔 按：「拔」，人名。

8-1138　遝拔等前論▨　按：「拔」，人名。

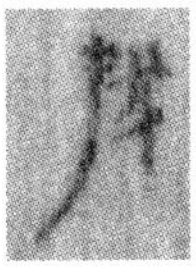

12-10a　遝陵拔　按：「拔」，人名。

探

1256

8-639　▨帍探▨　按：辭例殘缺。

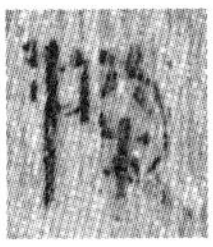

8-985　發弩守攀探　按：「攀探」，人名。

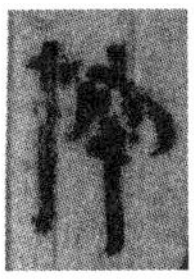

9-757　尉探　按：「探」，人名。

拙

1257

8-172正　辛酉□拙詘之　按：習字簡。

捕

1258

8-142正　捕羽

8-673正+8-2002正　捕羽

8-1008+8-1461正+8-1532 捕戍卒

8-1377 捕未來 按：語義不詳。

8-2467 捕鼠

挌

1259

8-2442背 ⧄挌 按：辭例殘缺。

捐

1260

8-2385 捐弗□⧄ 按：辭例殘缺。

⿰扌色

1261

8-219+8-310 ⿱大⿰林林（無）把拔⿰扌色 按：習字簡。

里耶秦簡文字編・卷十二下

女

1262

8-19第二欄　大女子

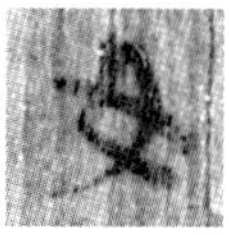

8-863+8-1504　大女嬰隸

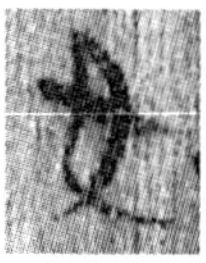

8-1565正　大女子

8-1584　小女

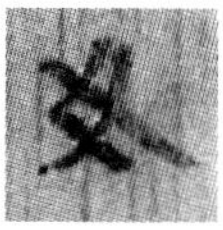

8-2150　大女子

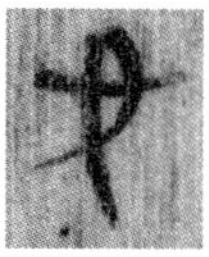

9-43　大女子

娶

1263

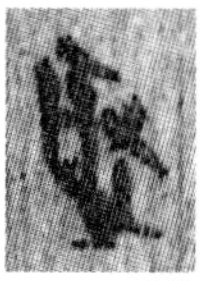

8-1083　娶（取）貲錢二千六百　按：「娶」，《校釋》疑通「取」。

妻

1264

8-466 取（娶）賈人子爲妻

8-60正+8-656正+8-665正+8-748正 亭妻胥亡 按：「亭」、「胥亡」，人名。

8-1027 下妻

9-2064 妻大女子沙

K49第二欄 妻大女子媐

婦

1265

9-14a 寡婦

妃

1266

8-56 倉守妃 按：「妃」，人名。

8-762 倉妃 按：「妃」，人名。

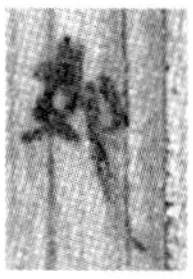
8-766　倉守妃　按：「妃」，人名。

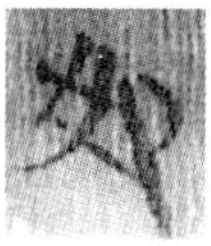
8-821　倉守妃　按：「妃」，人名。

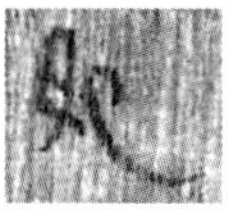
8-915　☐☐守妃　按：「妃」，人名。

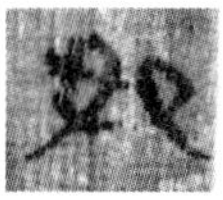
8-1081　倉妃　按：「妃」，人名。

母
1267

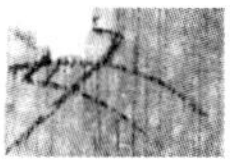
8-649背　☐母子之子

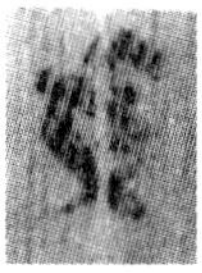
8-2140　☐母大女子

姊
1268

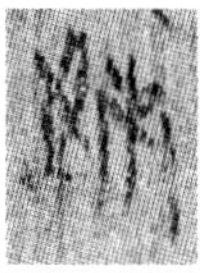
9-2294a+9-2305a+8-145正第七欄　一人徒養：姊　按：「姊」，人名。

婢
1269

5-18　小婢一人

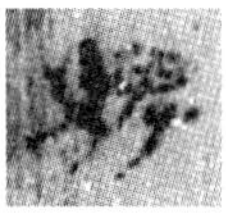
8-389+8-404　奴婢

8-1554正　大婢

奴

1270

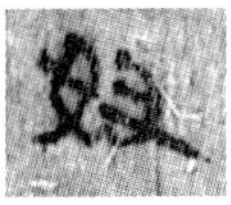

8-1287　大奴一人

8-1287　小奴一人

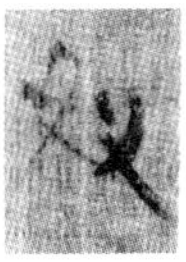

8-1379　上人奴笞者

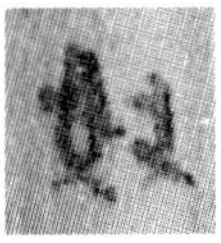

8-1554正　大奴

始

1271

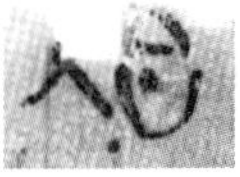

8-138正+8-174正+8-522正+8-523正　行先道旁曹始，以坐次相屬　按：字形左側略殘。

8-766　大隸妾始　按：「始」，人名。

好

1272

8-355　黔首習俗好本事不好末作

8-355　黔首習俗好本事不好末作

姣 1273

8-682正 嗛、涓、姣、隋 按：「姣」，人名。

娙 1274

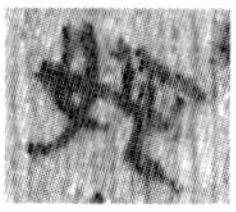

8-781+8-1102 稾人娙 按：「娙」，人名。

8-1321+8-1324+8-1328 稾人娙 按：「娙」，人名。

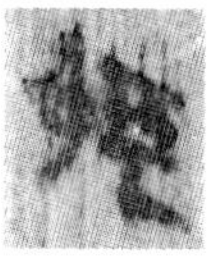

8-2246 稾人娙 按：「娙」，人名。

姽 1275

8-2098 魏嬰姽 按：「魏嬰姽」，人名。

委 1276

8-142正 凡六人捕羽：宜、委、□□ 按：「委」，人名。

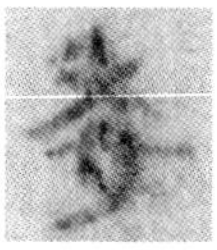

16-5a 傳送委輸

婐	媅	如

1277	1278	1279

16-6a 傳送委☐

8-1950 ☒婐糞☐☒ 按：辭例殘缺。

K49第二欄 妻大女子媅 按：「媅」，人名。

5-11 ☒告它如前☒

8-1243 病已如故

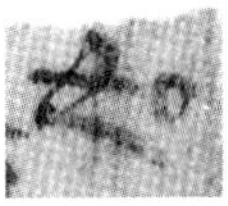

8-1522正 ☒如加即☐☒ 按：辭例殘缺。

8-2084 如意 按：「如意」，人名。

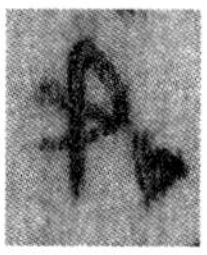

12-1784a　它如律令

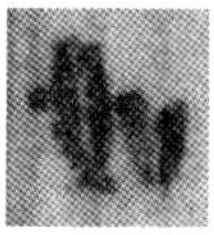

16-6a　它如律令

嬗 1280

8-2034　哀、瘳、嬗　按：「嬗」，人名。

嬰 1281

8-217　隸臣嬰　按：「嬰」，人名。

8-521　嬰兒

8-1519正　戶嬰四石四斗五升

8-1540　嬰兒

8-1546　大女子嬰　按：「嬰」，人名。

娃 1282

8-686正+8-973正第二欄　春三人級：媿、□、娃　按：「娃」，人名。

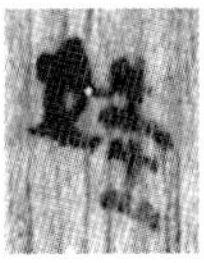

8-1069正+8-1434正+8-1520正　頡、徐、娃、聚　按：「娃」，人名。

婁 1283

8-1531正　二人織：歐、婁　按：「婁」，人名。

嬈 1284

9-2294a+9-2305a+8-145正第五欄　林、嬈、粲、鮮　按：「嬈」，人名。

嫯 1285

8-918　爲求得嫯其產　按：語義不詳。

姘 1286

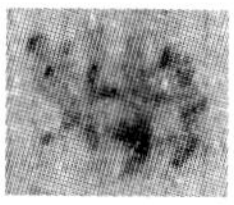

8-2150 ☐曰姘 按：「姘」，人名。

奸 1287

8-1391 ☐坐奸以論者

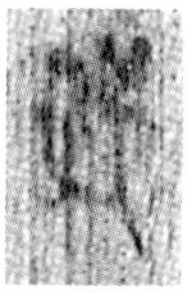

8-1675 ☐□首毋坐奸以論者

婥 1288

8-707背 婥女伏狀☐ 按：似為習字簡。

妶 1289

8-682正 妶、嗛、涓、姣 按：「妶」，人名。

姱 1290

9-2294a+9-2305a+8-145正第六欄 一人爲席：姱 按：「姱」，《釋文》釋「婞」，《校釋》釋「姱」。人名。

8-686正+8-973正第二欄 春三人級：姱、☐、娃 按：「姱」，《釋文》未釋，《校釋》釋「姱」。人名。

1291 婓

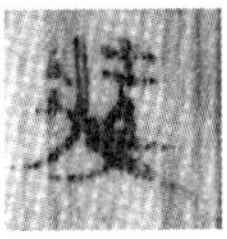

8-735正 婓甀☐ 按：辭例殘缺。

8-1321+8-1324+8-1328 士五（伍）江陵東就婓 按：「婓」，人名。

1292 娍

8-1584 隸妾忍、要、欬娍 按：「欬娍」，人名。

1293 嫭

8-1710 稾人嫭 按：「嫭」，人名。

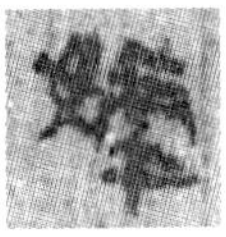

8-2101第一欄 守囚嫭 按：「嫭」，人名。

嬒 1294

8-550　嬒皙色　按：「嬒」，人名。

毋 1295

7-4a　毋病

8-8　毋應此里人名者

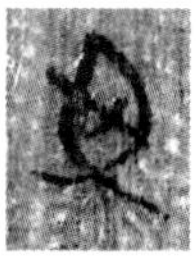

8-1299　☐☐者毋有

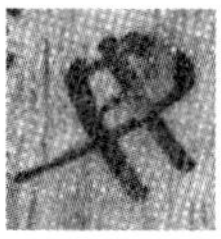

8-659正+8-2088　居者（諸）深山中，毋物可問

9-3a　毋聽流辤

9-1308　都鄉黔首毋良藥芳草

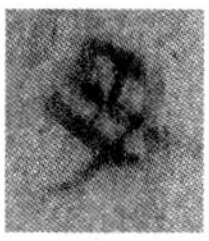

12-3　毋遺

乂 1296

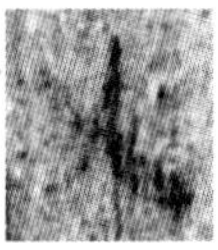

8-662正　☐乂乂☐　按：辭例殘缺。

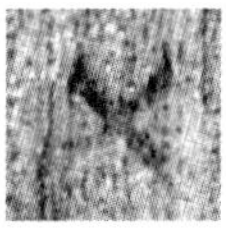

8-662正　☐乂乂☐　按：辭例殘缺。

弗

1297

8-130正+8-190正+8-193正　弗智（知）

8-60正+8-656正+8-665正+8-748正　弗能入

8-1154　弗與

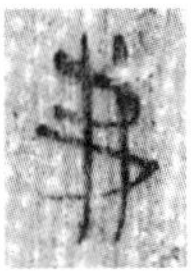

8-1365　弗論

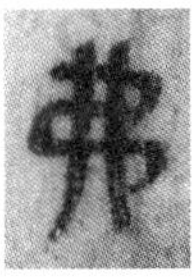

9-7a　家貧弗能入

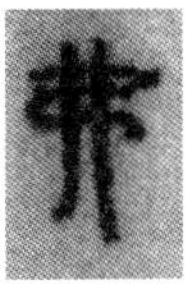

12-10b　弗知

弋

1298

6-11　弋陽　按：「弋陽」，地名。

8-461正第二欄　王節弋曰皇帝

也

1299

8-687背　☐也報　按：辭例殘缺。

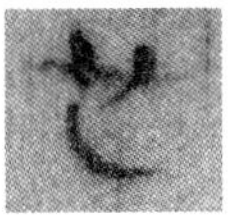

12-3　毋遺也

氏

1300

8-1555正第一欄　族王氏

16-886b　氏　按：辭例殘缺。

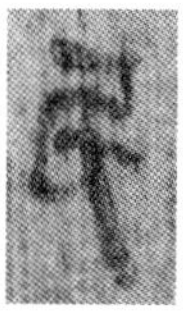

17-14a　衍氏　按：「衍氏」，地名。

17-14a　衍氏　按：「衍氏」，地名。

氐

1301

8-816　鄉守氐夫　按：「氐夫」，人名。

8-1557　鄉守氐夫　按：「氐夫」，人名。

8-1576　鄉守氐夫　按：「氐夫」，人名。

戈

1302

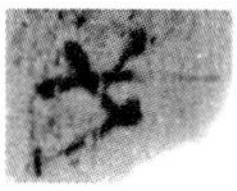

5-5背　戔夌（陵）行士事昌戈☐　按：此簡有楚系文字風格。語義不詳。

戎

1303

8-1551　令史戎夫　按：「戎夫」，人名。

戟

1304

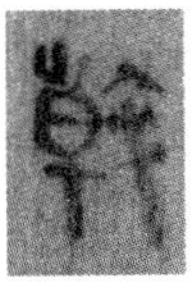

9-2147　戟二百

賊

1305

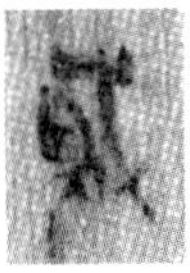

8-167正+8-194正+8-472+8-1011　盜賊

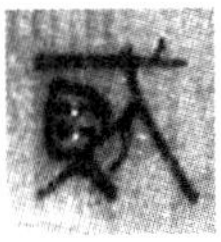

8-574　盜賊

8-2313　盜賊

戍

1306

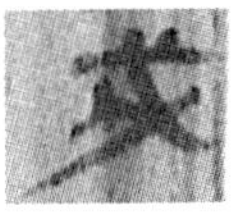

8-132+8-334第一欄　戍卒

8-140正　屯戍

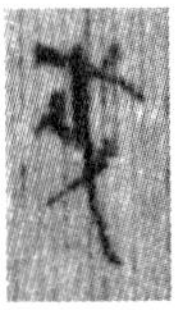

8-1545　屯戍

8-2246　戍公卒

9-7a　戍洞庭

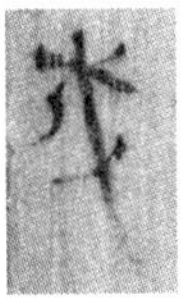

9-14b　戍卒

1307 戰

5-29　戰半　按：「戰」，人名。

1308 戲

8-1094　涪陵戲里　按：「戲里」，人名。

1309 或

8-133正　或遝

8-141正+8-668正　或一人獨訊囚

8-301+8-428　或至三四

8-1045　或遝遷陵獄□⧄

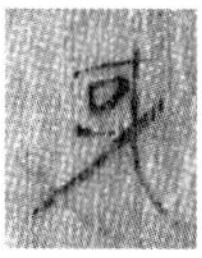

8-1448正　或遝遷陵獄史

12-682　後年洞庭食少縣或取

武

1310

7-304b 倉武 按：「武」，人名。

8-206正 武關 按：「武關」，地名。

8-1580 守武

8-1677 新武陵

15-259 新武陵 按：「新武陵」，地名。

戉

1311

5-10 ☐以爲戉（攻）具，箸（書）至日□☐ 按：此簡有楚系文字風格。「戉」，「攻」字異體。

義

1312

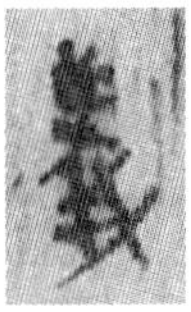

8-135正 卒史袁、義 按：「義」，人名。

8-135正　卒史哀、義　按：「義」，人名。

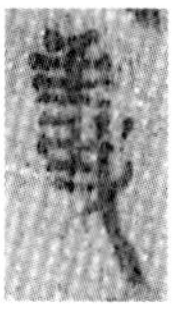

8-754正+8-1007　史義　按：「義」，人名。

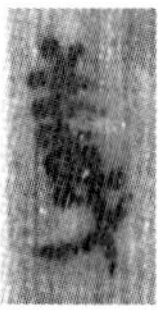

8-1447背　義手　按：「義」，人名。

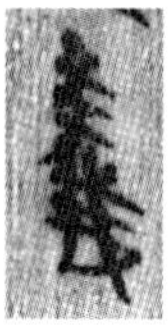

8-1583　令佐朝、義　按：「義」，人名。

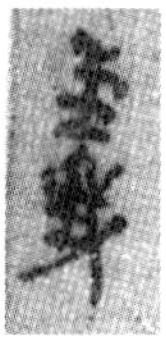

8-198正+8-213正+8-2013正　義手　按：「義」，人名。

琴

1313

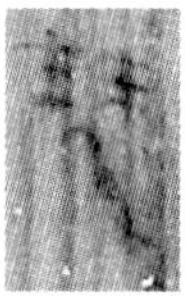

8-176正+8-215正　造造琴有事　按：習字簡。

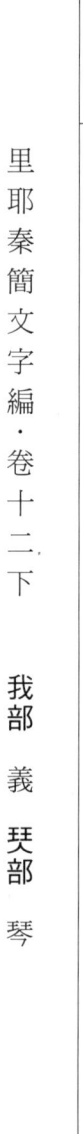

直

直

1314

8-63正 直錢三百一十四

8-70正+8-1913正 不直

8-153 御史問直（置）絡帬程書 按：「直」，《校釋》以為通「置」。

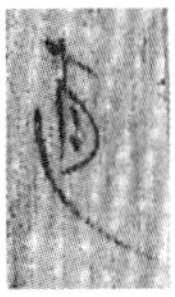

8-539 非直叚（假）之

8-1287 大奴一人，直錢四千三百

8-1287 小奴一人，直錢二千五百

亾

亾

1315

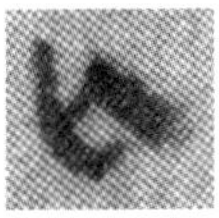

7-304a 泰凡百八十九人死亡

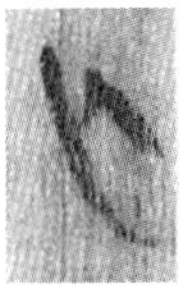

8-41 死亡

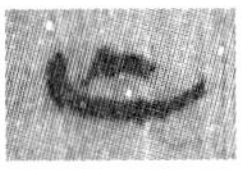

8-482第一欄 卒死亡課

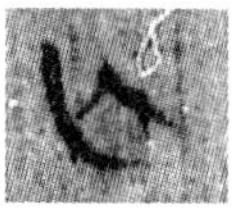

8-645正　水火敗亡課

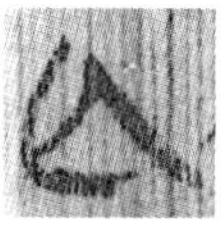

8-1716　毋將陽闌亡乏戶

匄

1316

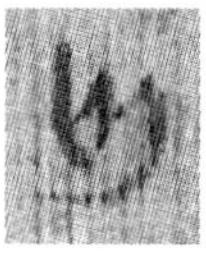

8-157正　成里匄　按：「匄」，人名。

8-157正　匄爲郵人　按：「匄」，人名。

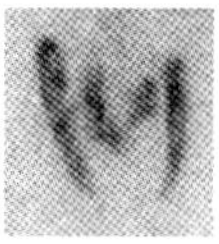

16-5b　士五（伍）匄　按：「匄」，人名。

匹

1317

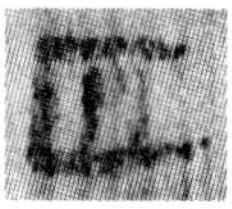

8-1443正+8-1455正　牝馬一匹

匠

1318

8-756　觔匠

匲

1319

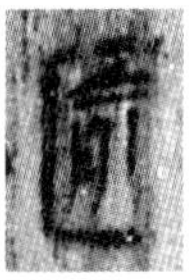

8-503　匲分〼

匱

1320

8-244 第二欄　二人爲匱

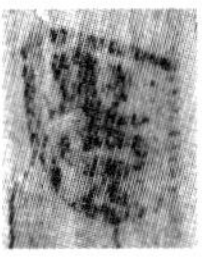

8-1680　木小匱三

甾

1321

8-1107　甾等非故縱弗論殹　按：「甾」，人名。

8-1133　今甾等當贖耐　按：「甾」，人名。

瓦

1322

8-135 正　故荆積瓦

8-1143+8-1631 第二欄　二人裝瓦

甄 1323

8-31　其一人爲甄運土

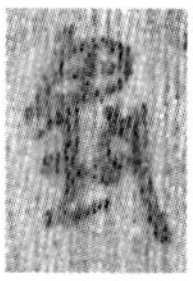

8-780 第一欄　爲甄

8-1143+8-1631 第二欄　卅人甄

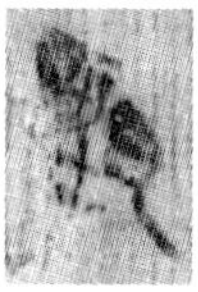

8-1143+8-1631 第二欄　六人佐甄

8-1146　其一學甄：賀

甗 1324

8-2246　士五（伍）甗　按：「甗」，人名。

弓 1325

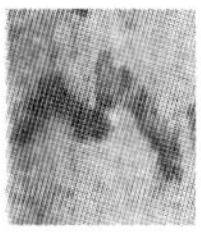

8-2008 正第二欄　一人輸備弓：具

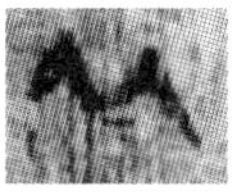

8-2186　弓弩

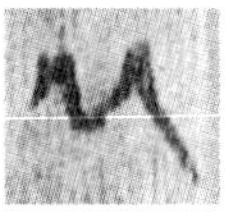

8-2200　弓弩

張 1326

8-95第一欄　張（帳）一司　按：「張」，通「帳」。

弘 1327

8-1554正　典弘　按：「弘」，人名。

弩 1328

8-151　弩臂

8-2200　弓弩

8-2345　弩矢

9-29　弩二百五十一

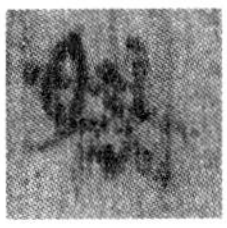

10-497　弩百七十九

發 1329

8-1　廷戶發

8-141正+8-668正　發弩守

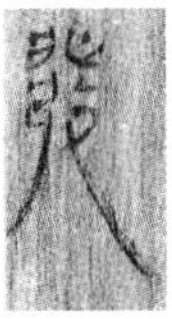

8-878　廷戶發

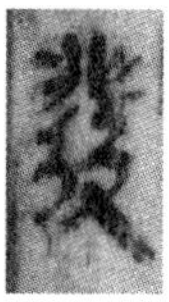
9-3a 報署主責發

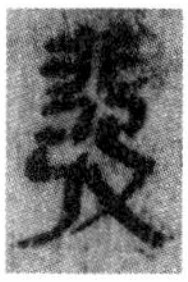
9-7a 報署主責發

9-46 遷陵丞自發

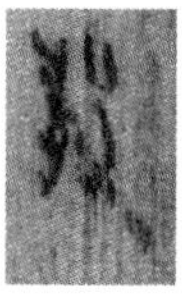
16-1010 自發

殳

1330

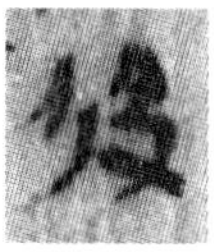
8-361 角殳二

弦

1331

8-26+8-752 旌弦一

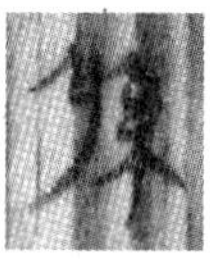
8-294 ☐弦 按：辭例殘缺。

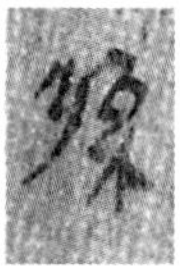
8-458第二欄 弦千八百一

8-439+8-519+8-537+8-1899 絲弦四

孫

1332

9-29 弦千八百一

9-2147 弦千八百一

8-534 內孫

8-1485背 係孫孫☐ 按：習字簡。

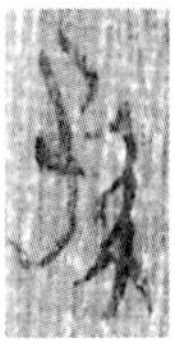

8-1538 隸妾孫 按：「孫」，人名。

8-2101第一欄 ☐人守園：壴、孫 按：「孫」，人名。

9-1625 南里不更公孫黚 按：「公孫黚」，人名。

繇

1333

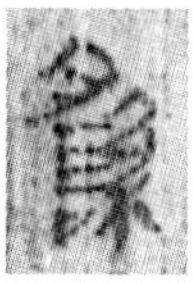

8-197正　繇（徭）使　按：「繇」，同「徭」。

8-1539　繇（徭）計二牒　按：「繇」，同「徭」。

8-1585　繇（徭）戍□一歲　按：「繇」，同「徭」。

14-469　繇（徭）使　按：「繇」，同「徭」。

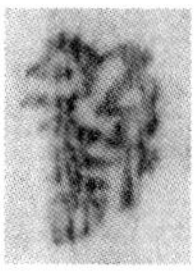

16-5a　興繇（徭）　按：「繇」，同「徭」。

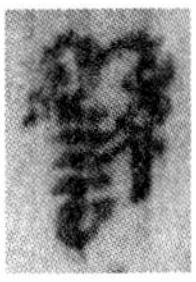

16-6a　興繇（傜）　按：「繇」，同「傜」。

里耶秦簡文字編·卷十三上

1334 糸

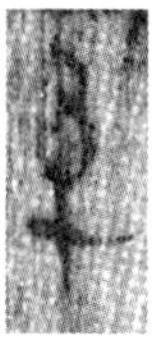

8-205正　甲譱（善）告子糸子☐　按：「糸」，《釋文》釋「糸」，《校釋》釋「率」。語義不詳。

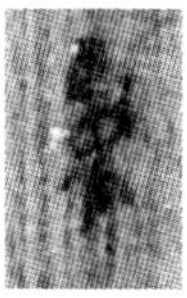

8-1446背　繆糸糸繆意　按：習字簡。

1335 繭

8-96　繭六兩

8-254+8-518　繭十斤八兩

8-889　繭六兩

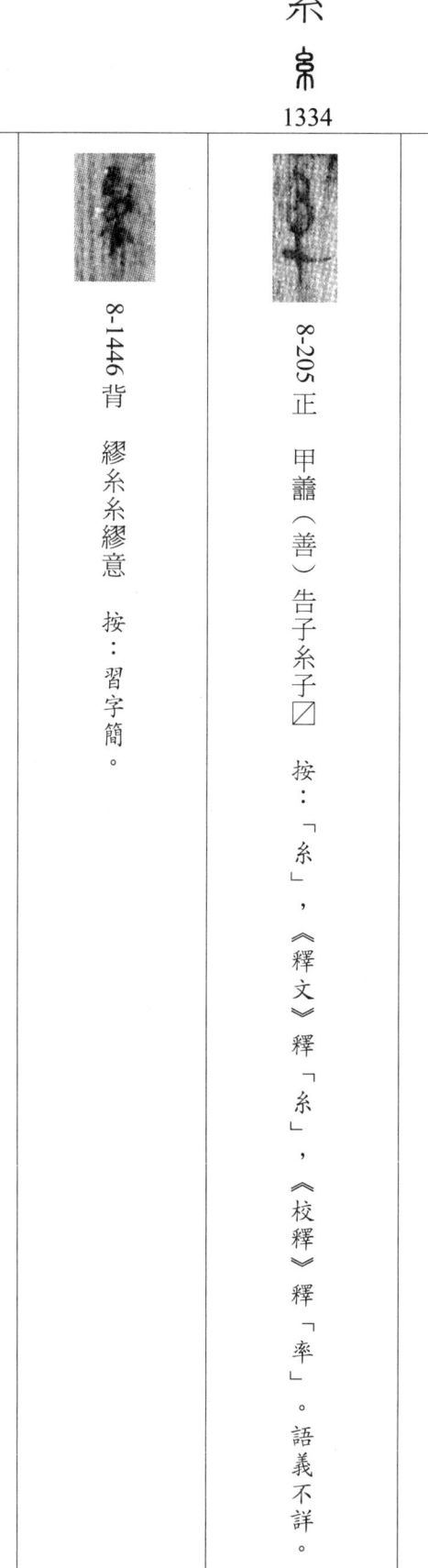

繹

1336

8-1673　繭六兩

8-143正+8-69正+8-2161正　遷陵□丞繹　按：「繹」，人名。

8-759　洞庭叚（假）守繹　按：「繹」，人名。

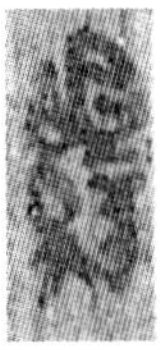

8-761　發弩繹　按：「繹」，人名。

8-1101　發弩繹　按：「繹」，人名。

8-1523正　洞庭守繹　按：「繹」，人名。

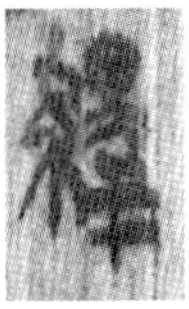

8-1523背　守繹　按：「繹」，人名。

織

1337

6-25　木織杼二

6-25　木織縢三

8-756　走、工、組、織

8-1531正第二欄　二人織：歐、婁

8-1680　木織複四

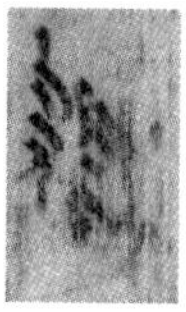

10-1119b　一人織

⿰糹式

1338

8-1069正+8-1434正+8-1520正　一人⿰糹式（織）：竈　按：「⿰糹式」，通「織」。

緯

1339

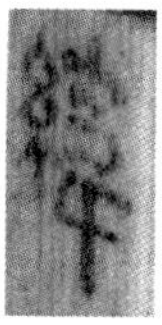

9-2045　緯四斤二兩

紀

1340

8-1119　成紀　按：「成紀」，地名。

續

1341

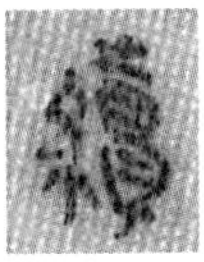

8-50+8-422　謁告所縣鄉以次續食

8-1517正　以縣鄉次續食

縱

1342

8-70正+8-1913正　以縱、不直論

8-1132正　縱弗論殹

8-1132正　何故不以縱論

8-1133　當以縱不直論

級

1343

8-702背+8-751正　□爵一級

8-868　□爵二級

8-686正+8-973正第二欄　春三人級：媿、□、娃

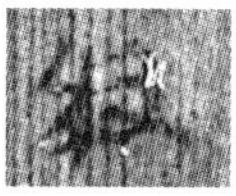

8-1888　南里士五（伍）異斬首一級

約

1344

8-136正+8-144正　以約爲

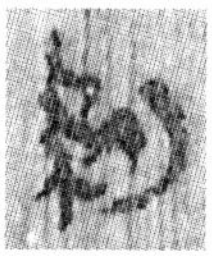

8-1563正　展約

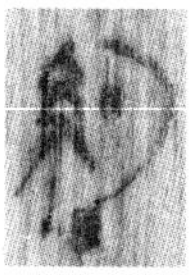

8-2037正　展約

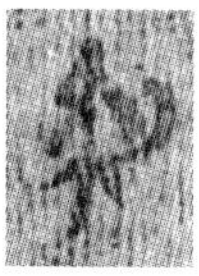

8-2206+8-2212　約日三斗米　按：語義不詳。

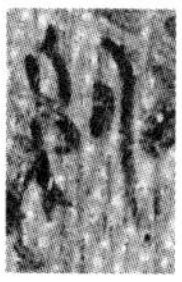

8-2494　☐□□三人約作日☐　按：語義不詳。

繚

1345

8-439+8-519+8-537+8-1899　士五（伍）右里繚可　按：「繚可」，人名。

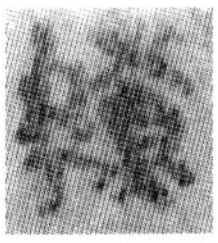

8-439+8-519+8-537+8-1899　繚可年可卅五歲　按：「繚可」，人名。

纏

1346

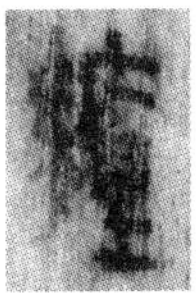

12-1784b　郪人纏　按：「纏」，人名。

繞

1347

8-107　繞▨　按：辭例殘缺。

8-651正　鄉守繞　按：「繞」，人名。

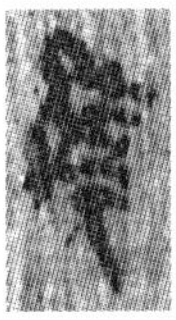

8-651正　鄉守繞　按：「繞」，人名。

8-1066　令史端、德、繞　按：「繞」，人名。

8-1751+8-2207　少內守繞　按：「繞」，人名。

結

1348

8-197正　不足以結〈給〉事☐　按：「結」，《釋文》、《校釋》釋「給」，實為「結」。為「給」之誤書。

給

1349

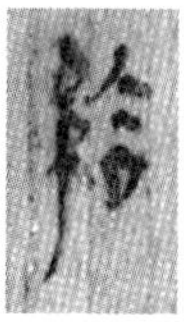

8-427　自給

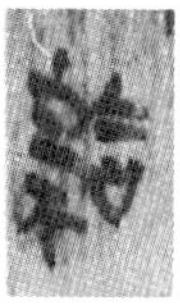

8-454第二欄　自給

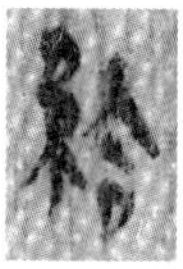

8-583　☐入給予☐

8-2166　☐謁給輸遷陵傳☐☐

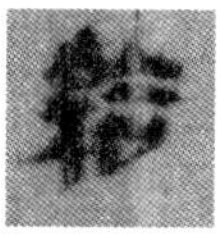

9-2296第一欄　度給縣不足

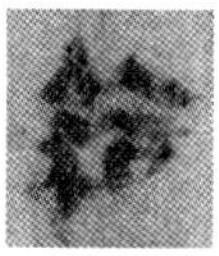

9-2296第二欄　緐帷一堵，度給縣用足

終

1350

8-2390　☐終☐☐　按：辭例殘缺。

縵	練	縑	縠	繒
1355	1354	1353	1352	1351

里耶秦簡文字編·卷十三上　糸部　繒 縠 縑 練 縵

1351 8-1751+8-2207　錦繒

8-891+8-933+8-2204　錦繒

1352 8-171背　金金縠　按：習字簡。

1353 8-2516　☐縑二丈

9-2296 第二欄　縑帷一堵

1354 8-34　西巫里夫練　按：「練」，人名。

1355 9-2296 第一欄　縵三百廿五丈三尺四寸半寸

9-2296 第三欄　縵帷二堵

五七八

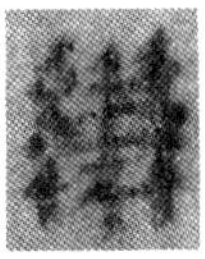

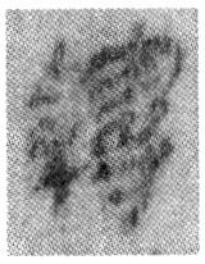

9-2350a　典縵　按：「縵」，人名。

繪 1356

8-1243　褁以繪臧（藏）

綰 1357

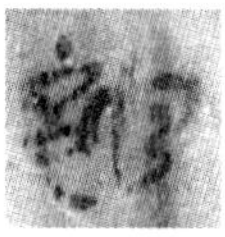
8-528正+8-532正+8-674正　☐御史大夫綰☐　按：「綰」，人名。

8-1537　典綰□☐　按：「綰」，《釋文》釋「絇」，《校釋》釋「綰」。人名。

紅 1358

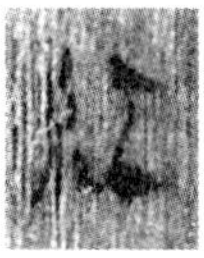
8-1499正　☐紅薄繕益　按：語義不詳。

纓 1359

9-2296第二欄　租（組）纓一

綬 1360

8-1169　☐有綬　按：辭例殘缺。

組 1361

8-756　走、工、組、織

緣 1362

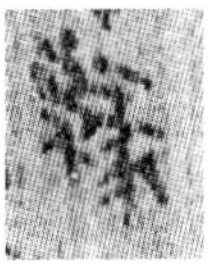

9-2294a+9-2305a+8-145正第六欄　三人治枲：楱、茲、緣　按：「緣」，人名。

絝 1363

8-1356　士五（伍）陽里靜以當襦絝（褌）　按：「絝」，同「褌」。

繕

1364

8-143正+8-69正+8-2161正　繕治

8-244第二欄　四人繕官

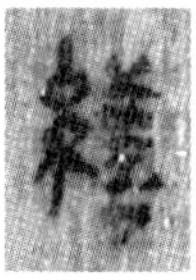

8-463　度繕其▨

8-567　▨人繕官府：羅▨

8-569　二人繕官府：羅、樗▨

8-143正+8-69正+8-2161正　繕治

縈

1365

8-792+8-1772　以五月盡時快取析蓂暴（曝）乾

約

1366

8-913　枲參約絾袤三丈四

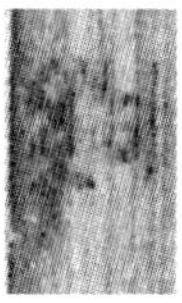

8-1086　枲參約絾袤三丈□▨

8-1188 參約枲絨一⧄

8-1784+8-2224第一欄 枲參約絨衷三丈三

絨

絨

1367

8-913 枲參約絨衷三丈四

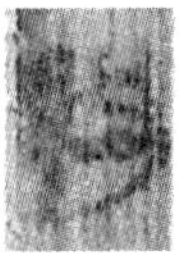

8-1086 枲參約絨衷三丈□⧄

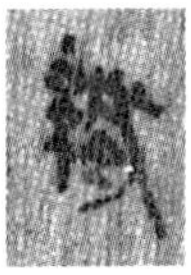

8-1188 參約枲絨一⧄

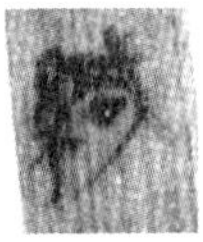

8-1784+8-2224第一欄 枲參約絨衷三丈三

絡

絡

1368

8-153正 御史問直絡帬程書

8-158正 令史下絡帬直書

8-439+8-519+8-537+8-1899 絡袍一

8-439+8-519+8-537+8-1899 絡單胡衣一

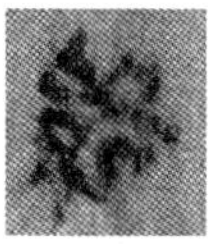

9-2296第二欄　絡袍二

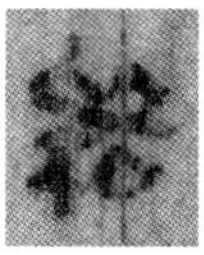

9-2296第三欄　絡錦八尺六寸

繆

1369

8-70正+8-1913正　繆失

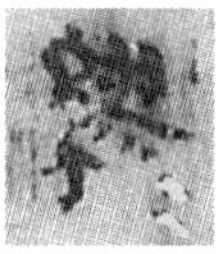

8-75正+8-166正+8-485正　校繆　按：「繆」，人名。

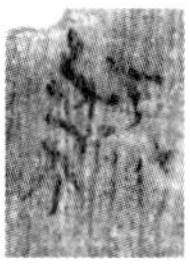

8-786　☐繆死　按：「繆」，人名。

8-2471　☐□不毆繆☐　按：辭例殘缺。

結

1370

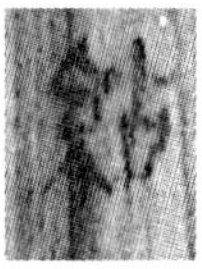

8-247　士五狗以盛都結（婞）　按：「結」，通「婞」，《校釋》以為有「保」義。

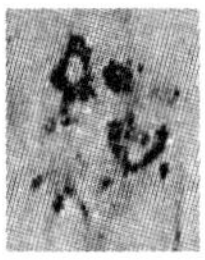

8-742正　謁告安□定以結□□☐　按：「結」，《釋文》未釋，《校釋》釋「結」。辭例殘缺。

⿰糸倉

1371

9-2294a+9-2305a+8-145正第五欄　七人取⿱竹丞（篜）：⿰糸倉、林……　按：「⿰糸倉」，人名。《釋文》釋「繽」，《博物館校訂》釋「紟」，《校釋》釋「⿰糸倉」。

繛

1372

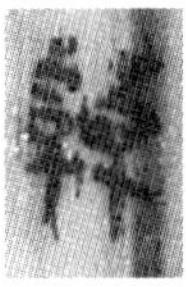

8-740背+8-2159背　綽手　按：「綽」，字形與《說文》或體同。人名。

8-787+8-1327　貳春鄉守綽　按：「綽」，人名。

8-1515正　貳春鄉守綽　按：「綽」，人名。

8-1524背　綽半　按：「綽」，人名。

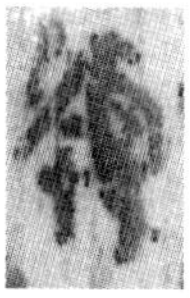

8-2099　☐☐綽　按：辭例殘缺。

緩

1373

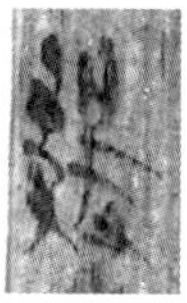

8-39　佐緩　按：「緩」，字形與《説文》或體同。《釋文》釋「綏」，《校釋》釋「緩」。人名。

8-611　緩手　按：「緩」，《釋文》釋「鬟」，《校釋》釋「緩」。人名。

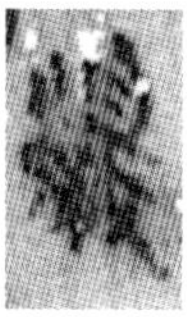

8-681正+8-1641第三欄　二人付庫：☐、緩　按：「緩」，人名。

絲

1374

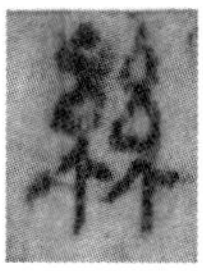

7-286　絲一斤

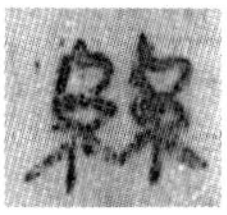

8-254+8-518　絲八斤十一兩八朱（銖）

雖

1375

強

1376

8-439+8-519+8-537+8-1899　絲弦四

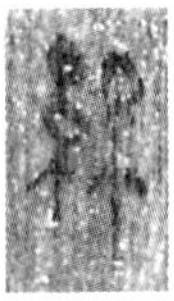

8-1097　絲三斤

8-2226正+8-2227背　繭絲

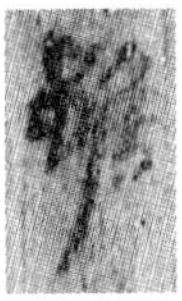

8-1290+8-1397　雖久病必已

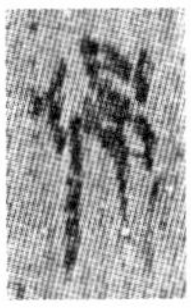

9-2294a+9-2305a+8-145正第七欄　一人捕羽：強　按：「強」，人名。

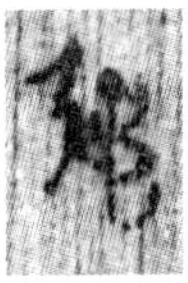

8-1259正　一人求翰羽：強　按：「強」，人名。

8-1824　強手　按：「強」，人名。

蜀

1377

蠻

1378

9-2294a+9-2305a+8-145正第二欄 二人伐槧：強、童 按：「強」，人名。

8-660背 鄉守蜀 按：「蜀」，人名。

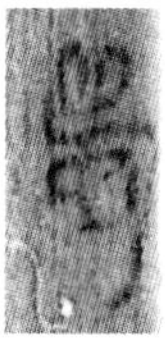

8-1041+8-1043 蜀蜀蜀歜歜 按：習字簡。

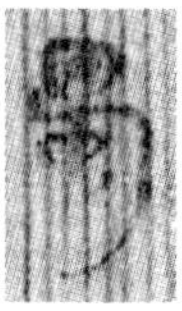

8-1041+8-1043 ⧄☐幫城成蜀蜀守 按：習字簡。

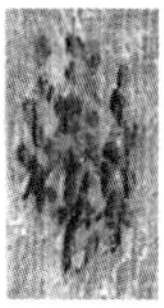

8-1449正+8-1484正 遷陵道里毋蠻更者

12-10a 遷陵拔訊榬、蠻、衾

12-10b 越人以城邑反，蠻、衾、害弗知

䖟

1379

8-1470正 欲令䖟華治獄 按：「䖟華」，人名。

里耶秦簡文字編・卷十三下

它

1380

5-11 ☐告它如前☐

8-122 移書它縣

8-756 及它急事

8-2551 爵它☐ 按：辭例殘缺。

12-1784a 它如律令

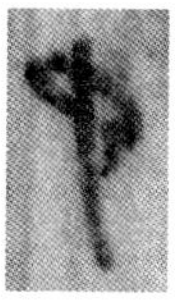

16-6a 它如律令

鼂

1381

8-179正 田鼂敢言之 按：「鼂」，人名。

8-1783+8-1852　佐鼂　按：「鼂」，人名。

8-2111+8-2136　其一人爲田鼂養：成☑

二

二

1382

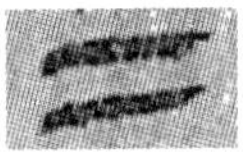

8-60正+8-656正+8-665正+8-748正　十二月

8-151　百六十二

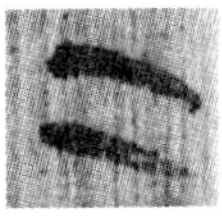

8-1236+8-1791　十二戶

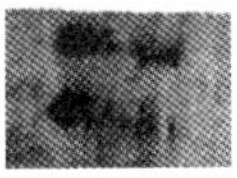

9-7a　二百七十二

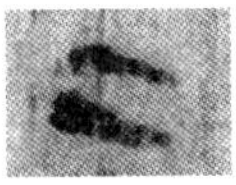

9-1112a　二月

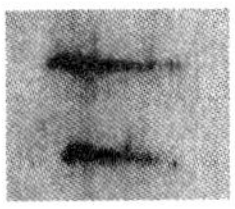

9-1976　虎肉二斗

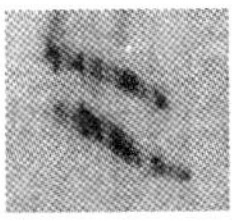

16-3　書二封

亟

1383

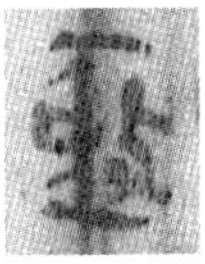

8-528背+8-532背+8-674正　亟言

8-673正+8-2002正　☑捕羽謁令官亟☑

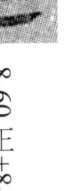

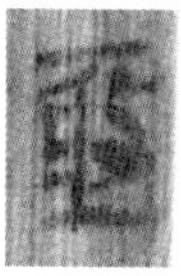
8-1523背　亟日夜上

8-1622　亟論

12-1784a　亟各上所糴粟數

16-5a　亟以律令具論

恆

1384

8-10　☐徒令與瘳恆將

8-154正　恆以朔日上所買徒隸數

8-1073正　恆署書

8-1592　恆☐　按：辭例殘缺。

9-14a　恆以爲桑田

亘

1385

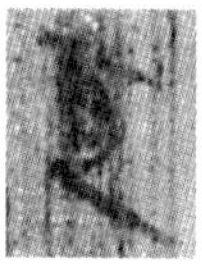
8-130正+8-190正+8-193正　亘（恆）曰上真書　按：「亘」，通「恆」。

凡

1386

6-1正第六欄　凡千一百一十三字

7-304a　泰凡

7-304a　凡百五十一人

8-19第二欄　凡廿五☐

8-35　凡八石

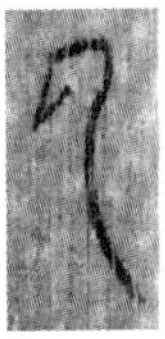
8-222+8-1039　凡有不當律令者

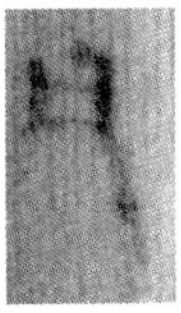
9-2045　凡四萬四千

土

1387

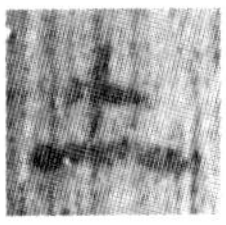
8-31　其一人爲甄運土

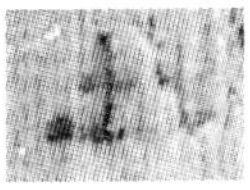
8-1143+8-1631　廿二人負土

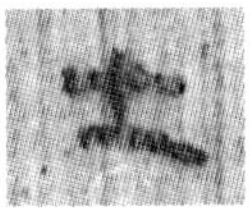
8-1146　四人負土

8-787+8-1327　一人治土

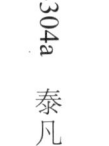

地

1388

8-228　□□地□□　按：辭例殘缺。

8-224+8-412+8-1415　輿地圖

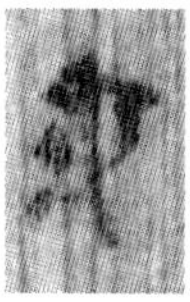

8-1516正　新地

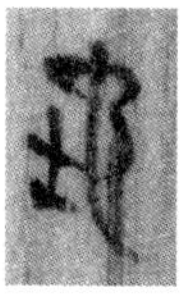

9-14a　桑地

均

1389

8-197正　佐均史佐日有泰抵已備歸

8-757　御史以均予

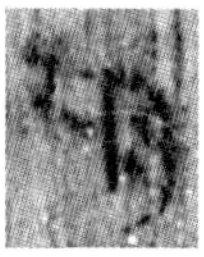

8-1277　☐均佐上造郁郅往春曰田□☐　按：語義不詳。

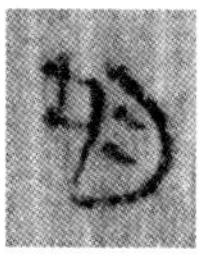

12-2301　償署所均佐臨邛公卒奇里呂吾　按：語義不詳。

堵

1390

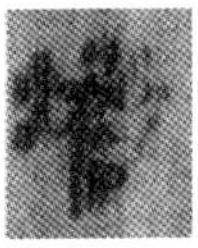

9-2296第一欄 錦帷二堵

9-2296第二欄 縑帷一堵

9-2296第二欄 布帷一堵

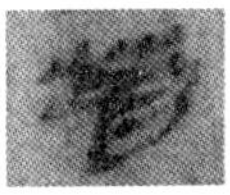

9-2296第三欄 縵帷二堵

堪

1391

8-2030背 堪手 按：「堪」，人名。

8-2472 ☐曰堪□□☐ 按：辭例殘缺。

9-3b 堪手 按：「堪」，人名。

堂

1392

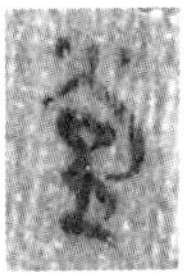

8-211 稾人堂 按：「堂」，人名。

8-217 稾人堂 按：「堂」，人名。

8-1063　橐人堂　按：「堂」，人名。

8-1540　橐人堂　按：「堂」，人名。

8-2249　橐人堂　按：「堂」，人名。

墼

1393

9-2294a+9-2305a+8-145正第四欄　隸妾墼（繫）舂八人　按：「墼」，《釋文》釋「墼」。《校釋》釋「墼」。通「繫」。

9-2294a+9-2305a+8-145正第六欄　五人墼：婢、般、橐、南、儋

在

1394

8-232　在廷

8-265　在所洞庭

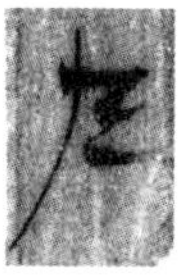
8-492　在所洞庭

8-657 在縣界中

8-1510正 在貳春□☒

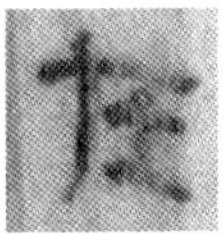
16-6a 在所縣上書

㘸

1395

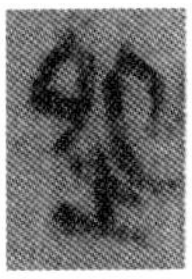
7-304b 當坐

8-136正+8-144正 它坐

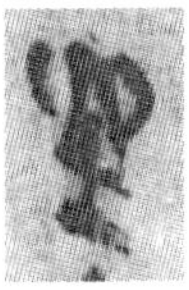
8-198正+8-213+8-2013正 當坐者

8-138正+8-1474正+8-522正+8-523正 以坐次相屬

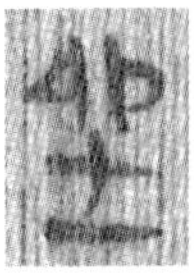
8-2014正 貳春鄉守福當坐

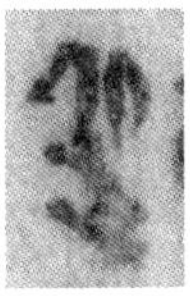
16-6a 當坐者

封

1396

8-375 書一封

8-651正 高里士五（伍）啟封 按：「啟封」，人名。

8-1558背 ☐急封此

8-1886 書三封

9-1594 書一封

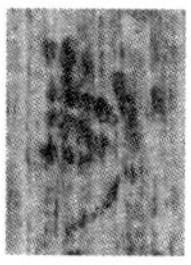

17-14a 衍氏到啟封三百五里 按：「啟封」，地名。

城
1397

5-17 彭城 按：「彭城」，地名。

8-143正+8-69正+8-2161正 城父 按：「城父」，地名。

8-1143+8-1631第一欄 仗城旦

12-10b 城邑

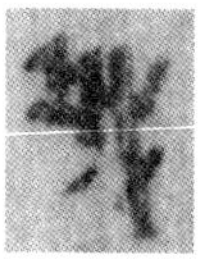

16-6a 城旦舂

增
1398

8-890+8-1583 少內守增 按：「增」，人名。

8-890+8-1583　少內守增　按：「增」，人名。

8-212+8-426+8-1632　司空守增　按：「增」，人名。

8-1590+8-1839　啓陵鄉守增　按：「增」，人名。

塞

1399

8-461正第二欄　邊塞曰故塞

8-461正第二欄　邊塞曰故塞

8-461正第二欄　毋塞者曰故徼

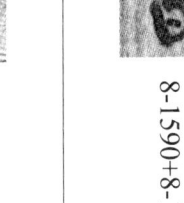

壞
1400

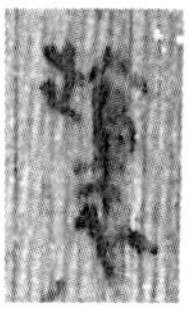

8-781+8-1102　壞（褱）德　按：「壞」，通「褱」。「褱德」，地名。

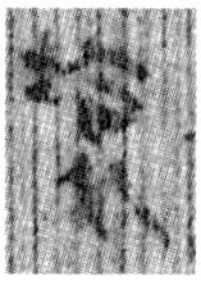

8-1574+8-1787　壞（褱）德　按：「褱德」，地名。

垂
1401

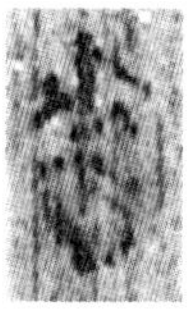

8-660背　垂入　按：「垂」，《釋文》未釋，《校釋》釋「垂」。

坆
1402

5-4背　⍁死軍坆貞⍁　按：辭例殘缺。

里
1403

8-8　⍁毋應此里人名者

8-63正　州里　按：「州里」，地名。

野

1404

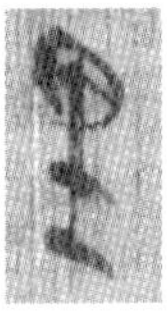

8-157正　成里　按：「成里」，地名。

8-2127　陽里　按：「陽里」，地名。

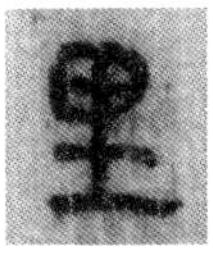

9-11a　陽陵谿里　按：「谿里」，地名。

9-14a　南里　按：「南里」，地名。

9-43　高里　按：「高里」，地名。

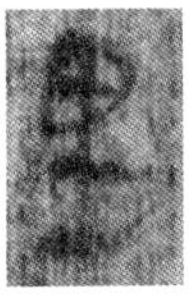

17-14a　百八十四里

8-461正第一欄　以此爲野

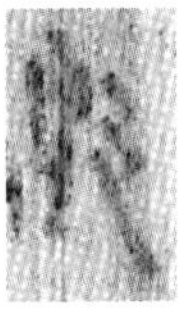

8-1437正　枳枳里野枳野里　按：習字簡。

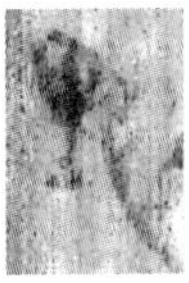

8-1437正　枳枳里野枳野里　按：習字簡。

9-2287a　野亭　按：「野亭」，地名。

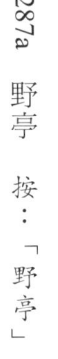

8-1437正　如如丞□□昌壄　按：「壄」，字形與《說文》古文壄同。習字簡。

田

1405

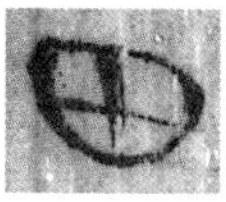

8-16　田官

8-63正　公田

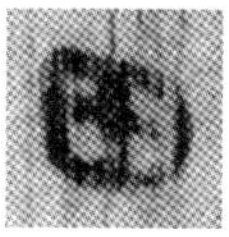

9-14a　狠（墾）草田

9-14a　桑田

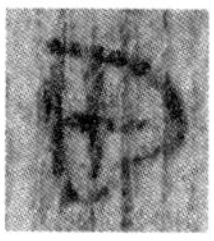

9-39　狠（墾）田

9-1869a　狠（墾）田課一牒

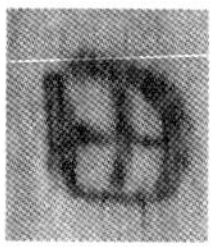

9-2350b　田守

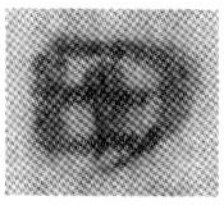

16-6a　田時

疇

1406

8-454第一欄　疇竹

畸

1407

8-118　畸手　按：「畸」，人名。

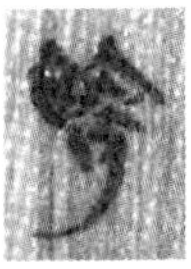

8-406　史畸　按：「畸」，人名。

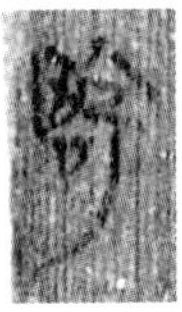

8-864　畸手　按：「畸」，人名。

8-1280　貳春鄉守畸　按：「畸」，人名。

8-1490正+8-1518正　令史畸　按：「畸」，人名。

8-1518正　今令畸襲彼死處　按：「畸」、「彼死」，人名。

畮

1408

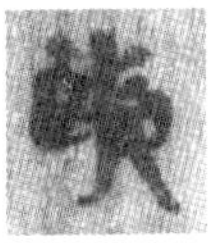

8-455第二欄　格廣半畮　按：「畮」，字形與《說文》或體  同。

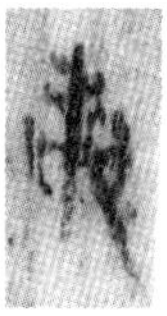
8-1519正　九十五畝

8-1519背　十畝

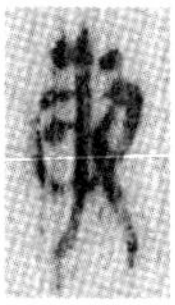
8-1519背　五十一畝

8-1519背　卌二畝

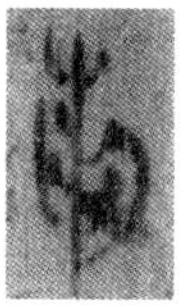
9-2350a　狠（墾）草田六畝

畍

1409

8-224+8-412+8-1415　其旁郡縣與接畍者

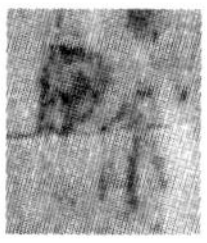
8-543+8-667正　☐畍不□事☐　按：辭例殘缺。

8-649正　縣畍中

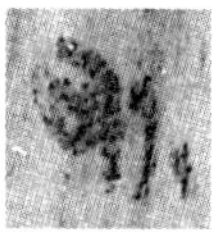
8-657正　縣畍中

8-2436正　縣畍中

略

1410

8-738正　☐罷及徒四人略二人☐　按：字形左側略殘。

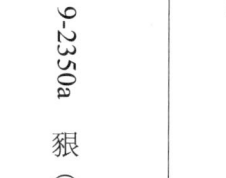

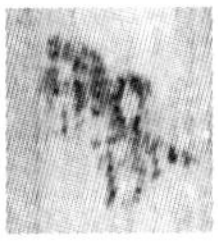

8-1502　□□略□□☐

按：辭例殘缺。

當

當

1411

7-304b　當坐

8-13　當爲

8-198正+8-213正+8-2013正　不當令

8-1201　當計出入券

9-7b　當騰騰

12-849a　當用船一樓

畱

畱

1412

8-248　勿留

8-648正　留一日

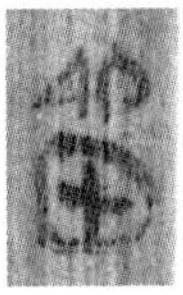

8-1523背　勿留

9-2301　勿留

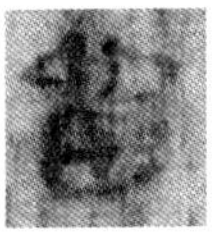

14-638　馬以傳食入疾及留

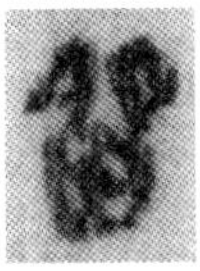

16-6a　不可留

畜

1413

8-50　畜官

8-137正　畜官

8-481第一欄　畜計

8-490+8-501第二欄　畜牛產子☐

8-962+8-1087　小畜□☐　按：辭例殘缺。

8-1114+8-1150　畜官

黃

1414

6-10　□成不更小黃亥自占　按：「小黃」，《校釋》以為地名。

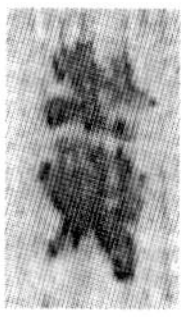

8-894　爲人黃皙色

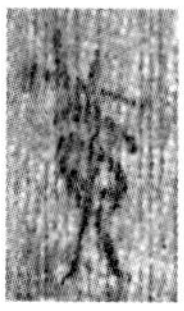

8-1976　此治黃☐　按：辭例殘缺。

男
1415

8-19第二欄　小男子□☐

8-209正　男子

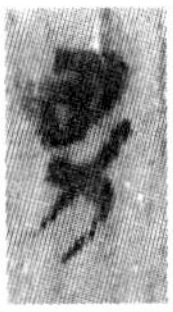
8-491　☐男五十

8-894　大男子

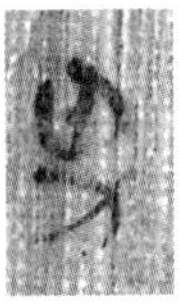
8-1256　小男子

8-2185　小男子

功
1416

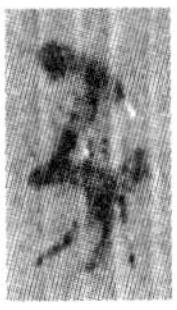
8-462+8-685正　泰山木功右□守丞勈追　按：「功」，《釋文》未釋，《校釋》釋「功」。

8-1531正第二欄　二人與上功吏：皆、□

助
1417

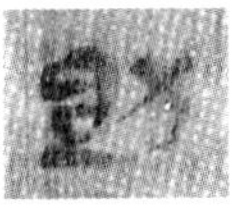
8-268+8-1416　☐止當助臨沅毄盜☐　按：辭例殘缺。

務 1418

8-454第二欄　作務

8-570　敢之言其其□務　按：似為習字簡。

8-1272　作務入錢

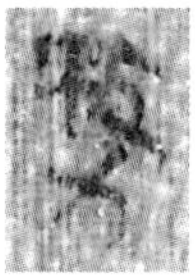

8-1622+8-1699　不務田而爲它事

8-2034正　一人作務：宛

8-2101第二欄　五人作務：文、□、窅▨

勝 1419

9-10a　士五（伍）勝白　按：「勝白」，人名。

9-10a　勝白　按：「勝白」，人名。

9-10a　勝白　按：「勝白」，人名。

勶

1420

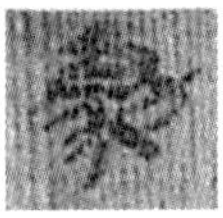

8-1514正　勶者爲甲，次爲乙，次爲丙　按：「勶」，《校釋》訓「難」。

8-1514正　勶易　按：「勶」，《校釋》訓「難」。

加

1421

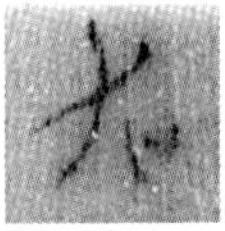

8-720背　☐加以戊子☐

8-1131正　加以戊子食舍　按：「加」，《釋文》釋「必」，《校釋》釋「加」。

8-1522正　☐如加即□　按：辭例殘缺。

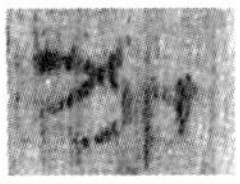

8-2026正　廿六加加加以廿　按：習字簡。

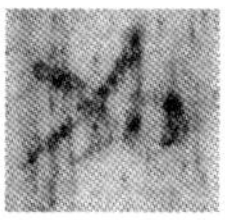

9-728第二欄 守加 按：「加」，人名。

勢

1422

8-2089第二欄 六人□□：澤、務、何、勢、庭、田 按：「勢」，人名。

劾

1423

8-137背 且致劾論子

8-651正 上劾一牒

8-754正+8-1007正 不智（知）劾云貲三甲不應律令

8-1531正第二欄 四人級：不耆、宜、劾、它人 按：「劾」，人名。

8-1770正 它如劾

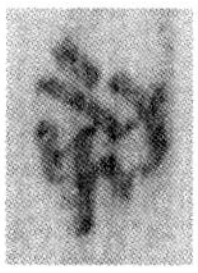

16-6a　劾移縣，亟以律令具論

1424 募

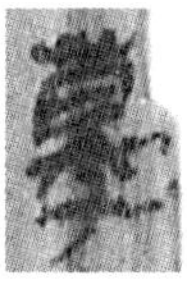

8-132+8-334第一欄　☐宂募群戍卒百卌三人

1425 ⿰肖力

8-756　⿰肖力匠

1426 觔

8-462+8-685正　守丞觔　按：「觔」，人名。

1427 勎

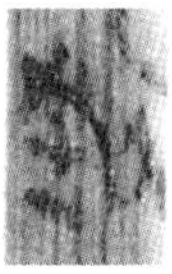

8-1284　☐面相☐勎　按：語義不詳。

里耶秦簡文字編·卷十四上

金

1428

6-18 遷陵金布發洞庭

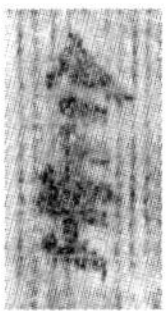

8-1057 治令金傷毋癰方

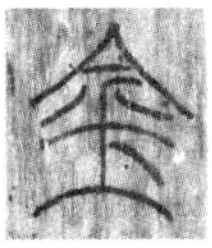

8-1776 金布

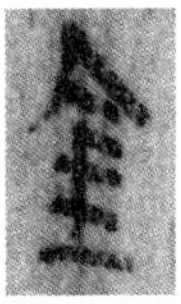

9-7a 署金布發

9-26 金錢

9-285 金矛二百六十四

12-3 ☐金倉徒悉采錫

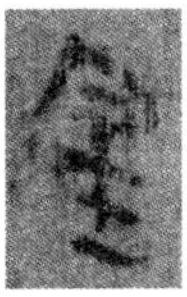

14-469 采赤金

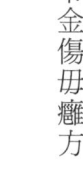

錫

錫 1429

12-3 ▨金倉徒悉采錫

12-447a 采錫

銅

銅 1430

8-2226背+8-2227正 鐵銅

8-2226背+8-2227正 銅錫

鐵

鐵 1431

8-454第二欄 采鐵

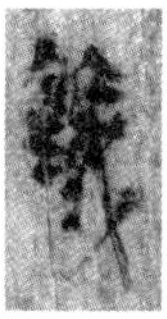

9-712a+9-758a 臨沅下洞庭都水蓬下鐵官 按：「鐵官」，地名。

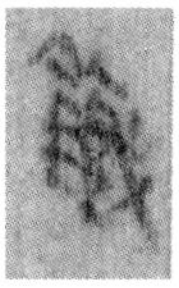

9-762 士五（伍）巫、狼、旁、久、鐵 按：「鐵」，人名。

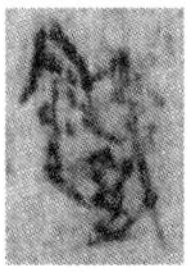

10-673 鬼薪蒼輸鐵官 按：「鐵官」，地名。

鍇

1432

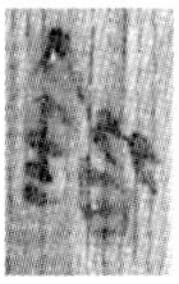

8-1191 陽里公士鍇 按：「鍇」，人名。

錄

1433

8-480第一欄 司空曹計錄

8-481第一欄 倉曹計錄

8-493第一欄 金布計錄

鑄

1434

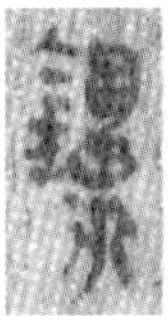

8-454第三欄 鑄段（鍛） 按：「鑄」，《釋文》未釋，《校釋》釋「鑄」。

銷

1435

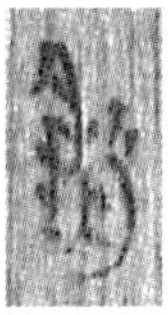

8-453 其一詣銷 按：「銷」，地名。

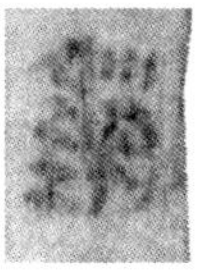

16-52 第二欄 鄢到銷百八十四里 按：「銷」，地名。

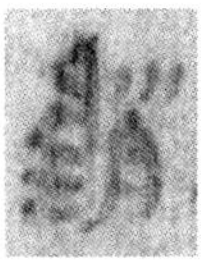

16-52 第二欄 銷到江陵三百卌六里 按：「銷」，地名。

釦

1436

8-138 背+8-174 背+8-522 背+8-523 背第二欄 令史釦 按：「釦」，人名。

8-269 第一欄 資中令史陽里釦 按：「釦」，人名。

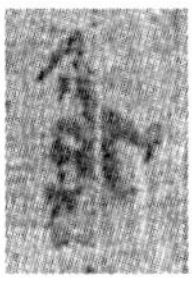

8-1510 背 釦半 按：「釦」，人名。

12-849b 釦半 按：「釦」，人名。

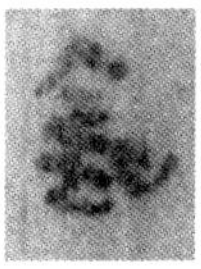

16-6b 釦手 按：「釦」，人名。

錡

錡

1437

8-1563背 胸忍宜利錡 按：「錡」，人名。

錢

錢

1438

8-13 皆當爲禁錢□▨

8-60正+8-656正+8-665正+8-748正 錢四千卅二

8-1162+8-1259+8-1709 所取錢

9-11a 貲餘錢

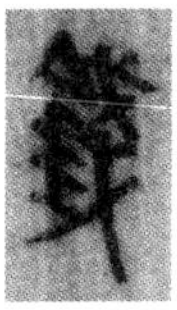

9-11a 錢校券

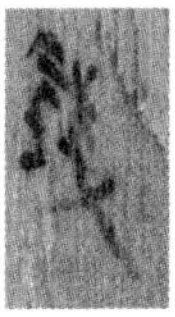

9-26 金錢

鈞 1439

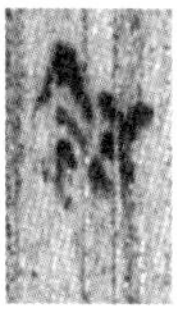

8-218 七鈞 按：「鈞」，《釋文》釋「鈞」，《校釋》釋「鈞」。

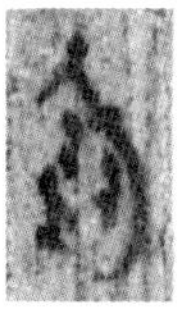

8-218 二石一鈞八斤四兩

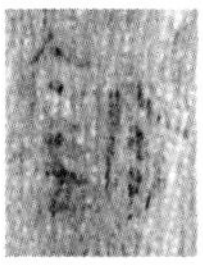

8-1048 ☐石一鈞廿五斤十一☐

鐔 1440

8-1373 鐔成 按：「鐔成」，地名。

鏃 1441

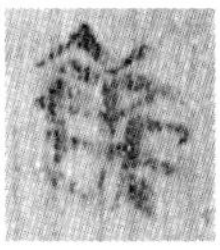

8-1260 ☐廿八鏃

8-1260 ☐百七十三鏃

8-1457背+8-1458背第一欄 百五十八鏃

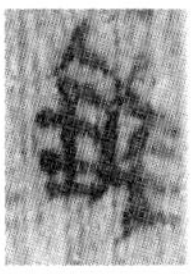

8-1457背+8-1458背第二欄 四百七十九鏃

衜

1442

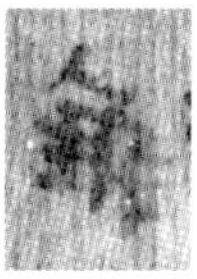

8-1457背+8-1458背第二欄　三百卅六鏃

8-28　囚衜　按：「衜」，人名。

8-1060+8-1405　守丞衜　按：「衜」，人名。

8-1522正　☐衜獄佐□☐　按：「衜」，人名。

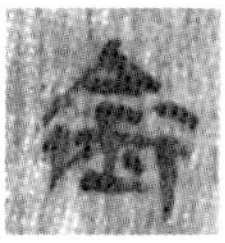

8-2030正　窯、衜有它辠　按：「衜」，人名。

8-2106　以衜不當補有秩　按：「衜」，人名。

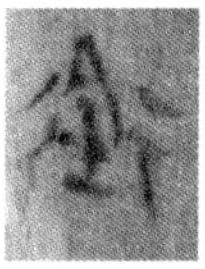

9-2350b　佐衜　按：「衜」，人名。

鈇 鈇

1443

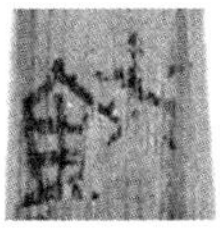

5-7　□□布四尋，鈇□　按：「鈇」，《釋文》未釋，《校釋》釋「鈇」。此簡帶有楚系文字風格。

鉅 鉅

1444

8-439+8-519+8-537+8-1899　鉅劍一

釓

1445

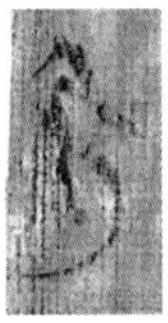

8-1018　□購釓五百七十六一人　按：語義不詳。

釵

1446

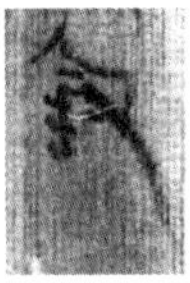

8-566　吳釵綠□　按：辭例殘缺。

釪

1447

8-410　金釪鐶四

釖 1448

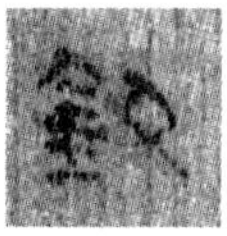

8-795　▨□釖二

鉌 1449

8-566　吳釵鉌▨　按：辭例殘缺。

鐶 1450

8-410　金釪鐶四

処  1451

6-5第一欄　佐處　按：「處」，字形與《說文》或體同。人名。

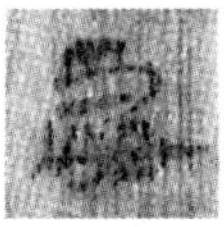

8-896　競陵陽處　按：「陽處」，地名。

8-1490正+8-1518正　今令畸襲彼死處　按：「畸」、「彼死」，人名。

8-2490　少內佐處　按：「處」，人名。

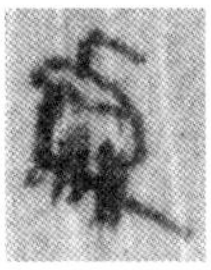

12-2301　佐處　按：「處」，人名。

且

且

1452

8-137背　且致劾論子

8-528正+8-532正+8-674正　令且解盜戒（械）

8-558　且在□□▨

8-758　且徒少不傳于奏

8-771背　不意且更求更

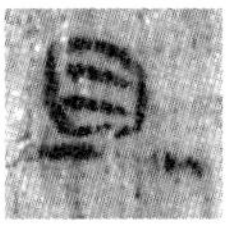

8-2270　▨□且有罪笞

斤

1453

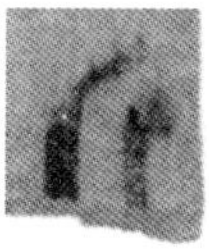

7-286 絲一斤

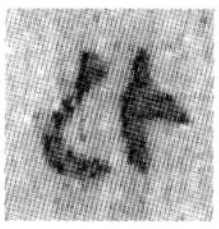

8-254+8-518 絲八斤十一兩八朱（銖）

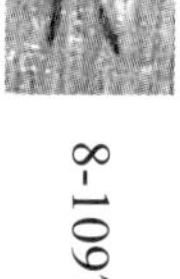

8-1097 絲三斤

8-1433正 斤所所所 按：習字簡。

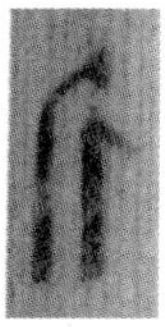

9-2045 緯四斤二兩

9-2296第一欄 廿四斤二兩廿二朱（銖）

所

1454

8-135正 問狼船存所

8-186 治所

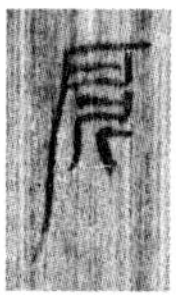

8-1433正 斤所所所 按：習字簡。

8-1162+8-1289+8-1709 所取

9-11a　所報

16-6a　所部

斷

1455

8-1054　☐令縣舉傳囚斷　按：語義不詳。

8-1874　斷獄

10-673　廿八年三月丙辰斷戌午行

新

1456

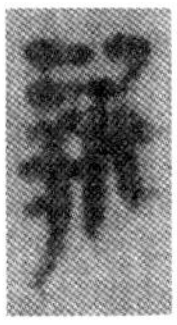

7-304a　廿八年新入卅五人

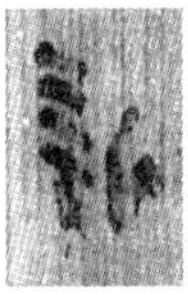

8-649　新武陵　按：「新武陵」，地名。

8-994　新武陵　按：「新武陵」，地名。

8-1206　涪陵新里　按：「新里」，地名。

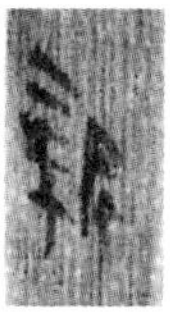
8-834+8-1604 新買大奴曰齊☐

15-259 新武陵 按：「新武陵」，地名。

斗

1457

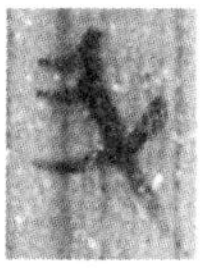
6-12 粟五石三斗

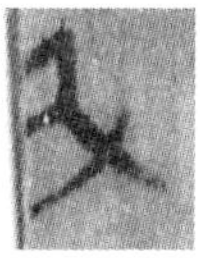
8-408 九斗

8-1574+8-1787 一石八斗

8-1794 稻一石二斗半斗

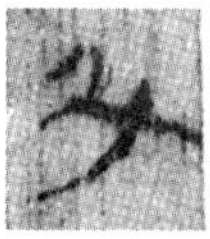
8-1900 六斗八升

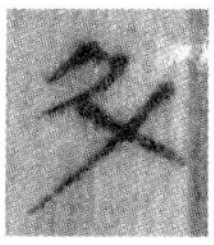
9-1976 虎肉二斗

升

1458

8-474+8-2075 一石八斗七升半升

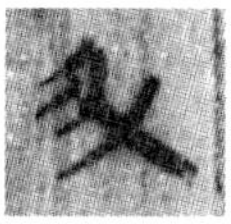
8-474+8-2075 一石八斗七升半升

8-1088 四斗六升

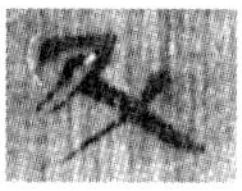
8-1507 四升六分升

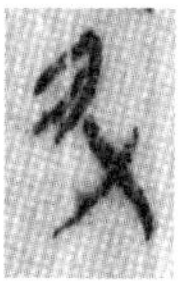
8-1519正 四斗五升

8-1557　一石二斗六分升四

矛

1459

9-285　金矛二百六十四，有矜

矜

1460

9-285　金矛二百六十四，有矜

車

1461

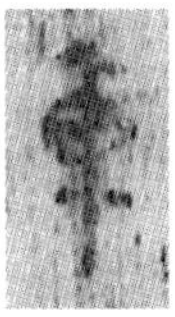

8-62正　牛車薄

8-175正　令曰：上見輼輬軺乘車及

8-410　遷陵田車計付鴈門泰守府☒

8-461正第二欄　以大車馬爲牛車

8-493第一欄　車計

8-677正　傳車

1462 輼 輼

8-175正　令曰：上見輼輬軺乘車及

1463 輬 輬

8-175正　令曰：上見輼輬軺乘車及

1464 軺 軺

8-175正　令曰：上見輼輬軺乘車及

1465 輕 輕

8-1418+8-1133　其罪節（即）重若益輕

輿

1466

8-224+8-412+8-1415　輿地圖

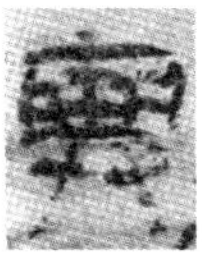

8-461正第一欄　王馬曰乘輿馬

8-1519正　狠（墾）田輿五十二頃九十五畝　按：「輿」，《校釋》疑讀為「舉」。

9-1112b　輿里　按：「輿里」，地名。

輒

1467

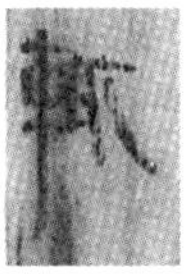

8-101　☐者輒言定☐　按：辭例殘缺。

16-5a　輒劾移縣

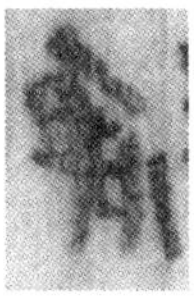

16-6a　輒劾移縣

軫 1468

8-780第一欄 三人負土：軫、乾人、央芻 按：「軫」，人名。

8-822 ☐賀、何成、軫、乾人☐ 按：「軫」，人名。

8-1515正 鬼薪軫 按：「軫」，人名。

轙 1469

8-2255 ☐亡不轙過程☐ 按：語義不詳。

載 1470

8-73正 載粟

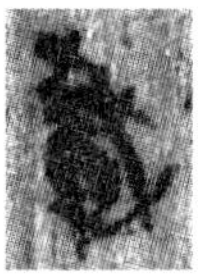

8-239第二欄 一人載粟：畜

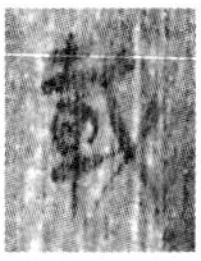

8-1350 重請徙載它船

8-1525正　載粟

8-1665　載粟

軍

1471

5-4背　☐死軍坆貞☐　按：此簡帶有楚系文字風格。辭例殘缺。

8-198正+8-213正+8-2013正　各別軍吏

8-528正+8-532正　將軍

8-649正　邦尉、都官軍在縣界中者

8-198正+8-213正+8-2013正　軍吏

轉

1472

8-64正+8-2010正　日備轉除以受錢而☐☐

1473 輸

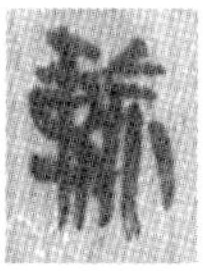

8-454第二欄　所不能自給而求輸

8-1510正　兵當輸內史

8-2166正　☐謁給輸遷陵傳☐☐

16-6a　輸甲兵

1474 輪

8-95第一欄　輪二

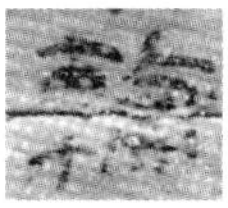

8-461正第二欄　內侯爲輪（倫）侯　按：「輪」，通「倫」。

1475 斬

8-424+8-1196　☐斬☐　按：辭例殘缺。

1476 軲

8-1680　木織軲四　按：「軲」，《釋文》釋「軲」，《校釋》釋「軸」。

軠

1477

15-259　上軠鄉　按：「上軠鄉」，地名。

官

1478

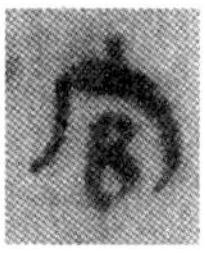

7-304a　官府課

8-135正　司馬昌官　按：「昌官」，人名。

8-663正第一欄　一人付田官

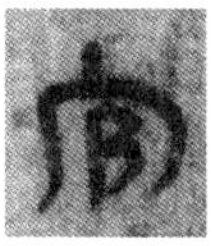

9-11a　何縣官計付

12-447b　在中官☐

16-6a　司寇隱官

陵

1479

8-135正　遷陵　按：「遷陵」，地名。

8-188　遷陵　按：「遷陵」，地名。

8-527背　遷陵　按：「遷陵」，地名。

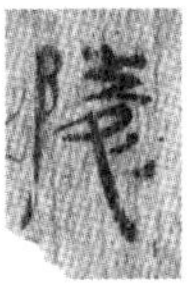

8-2519　遷陵　按：「遷陵」，地名。

9-11a　陽陵　按：「陽陵」，地名。

9-11b　遷陵　按：「遷陵」，地名。

15-259 新武陵 按：「新武陵」，地名。

陰

1480

8-135正 漢陰 按：「漢陰」，地名。

8-161+8-307 潁陰 按：「潁陰」，地名。

8-161+8-307 潁陰 按：「潁陰」，地名。

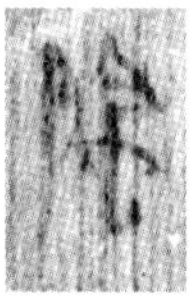
8-1224 兩臂陰脉

8-1533 陰密 按：「陰密」，地名。

8-1545 咸陰 按：「咸陰」，地名。

陽

1481

6-11 弋陽 按：「弋陽」，地名。

8-466 蘩陽 按：「蘩陽」，地名。

9-11a　陽陵　按：「陽陵」，地名。

9-739　酉陽　按：「酉陽」，地名。

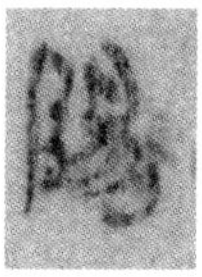

16-3　零陽　按：「零陽」，地名。

16-3　昆陽　按：「昆陽」，地名。

阿

1482

8-219+8-310　何可苛阿履　按：習字簡。

險

1483

8-51　☐□險　按：辭例殘缺。

陁

1484

8-2188正　陁陽　按：「陁陽」，地名。

隄 1485

8-210　☒□□令史除、佐朝雜隄（題）遷陵丞歐前　按：「隄」，通「題」。

陘 1486

8-133背　遷陵守丞陘　按：「陘」，《釋文》釋「陡」，《校釋》从陳劍釋「陘」。人名。

隱 1487

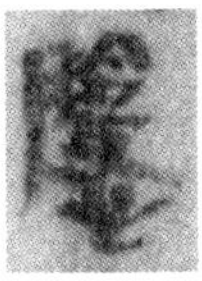

16-6a　司寇隱官

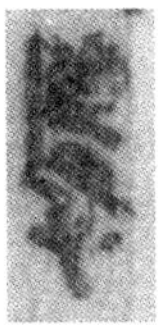

16-6a　司寇隱官

隃 1488

8-269第一欄　十一年九月隃（逾、揄）爲史　按：「隃」，《校釋》疑通「逾」或「揄」，訓「進」。

8-2226背+8-2227正　貲責隃（逾）歲　按：「隃」，《釋文》釋「揄」，《校釋》釋「隃」，通「逾」。

阮

1489

9-2294a+9-2305a+8-145正第五欄 二人取芒：阮、道 按：「阮」，人名。

8-510 訊阮 按：「阮」，人名。

陳

1490

8-38 ⧄陳亭，成都亭，獨⧄ 按：「陳亭」，地名。

除

1491

6-5第一欄 除見錢三百六十

7-304b 除倉佐尚

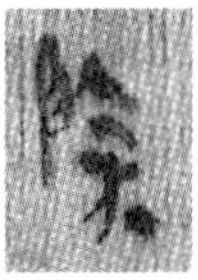

8-157正 除士五（伍）成里匄、成

8-210 令史除 按：「除」，人名。

8-2014正 今爲除道通食

隉

1492

8-1275 旬陽隉陵 按：「隉陵」，地名。

四

1493

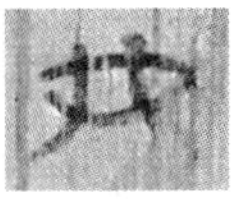

5-7 布四尋 按：此簡帶有楚系文字風格。

6-1正第二欄 八八六十四

8-1372 卌四年八月

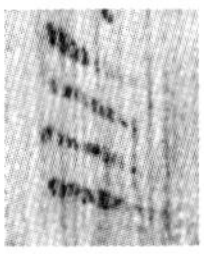

8-1542+8-1781 隸臣妾三（四）

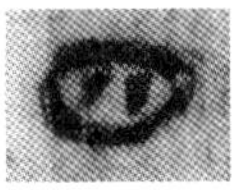

9-11a 四月壬寅

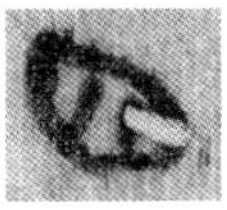

9-29 四萬

五

1494

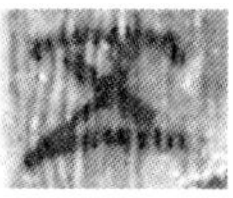

5-18 六十五

6-1正第三欄 五七卌五

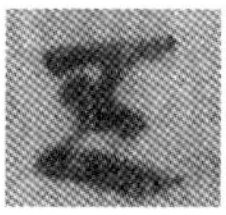

7-304a 百五十一人

8-1162+8-1289+8-1709 所取錢五

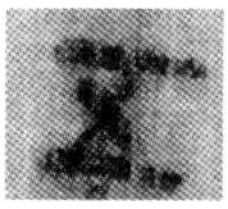

9-11a 士五（伍）采 按：「五」，通「伍」。

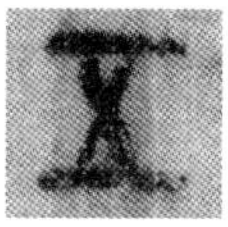

9-11a 八百五十二

⿰五午

1495

8-461正第一欄 曰⿰五午曰荆 按：「⿰五午」，《校釋》从張春龍、龍京沙讀為「吳」。

六

1496

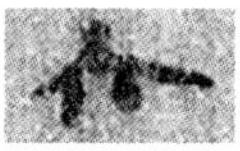

6-1正第三欄 六七卌二

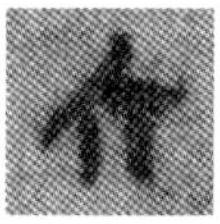

7-304a 百一十六人

8-967 所取錢六

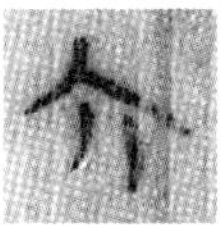
8-1836 船十六

9-757 卅四年六月

15-259 廿六年

七

1497

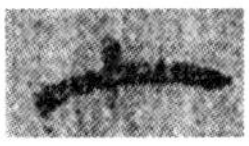
6-1正第三欄 四七廿八

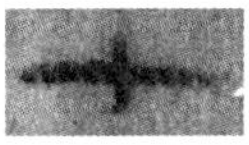
7-14 廿七年

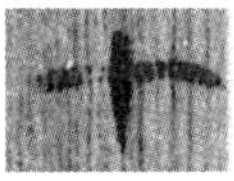
8-1236+8-1791 七戶

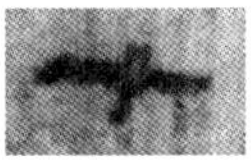
9-3b 卅四年七月

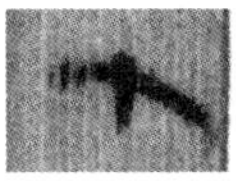
9-29 九十七

九

1498

5-22 九月

6-1正第五欄 三三而九

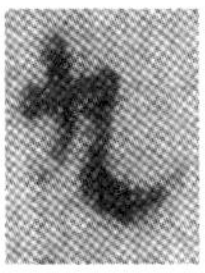
7-304a 百八十九人

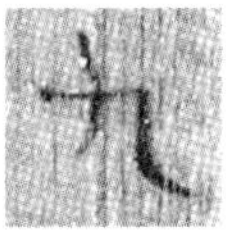
8-1902 廿九年

9-29 九十七

16-5b 十一刻刻下九

萬

1499

8-552 五萬五千

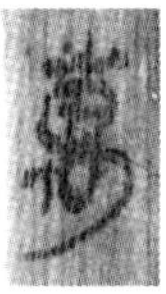

8-964 五萬一千八百卌八人

8-1064 十三萬六☐

8-1554正 錢六萬

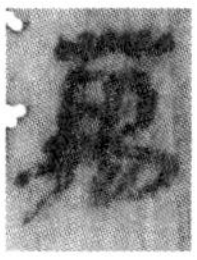

9-7a 錢萬一千二百七十一

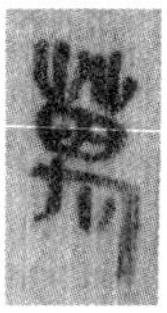

9-29 矢四萬九百九十

甲

1500

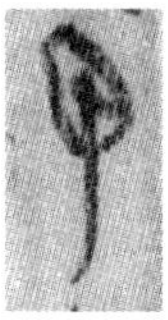

8-300 貲一甲

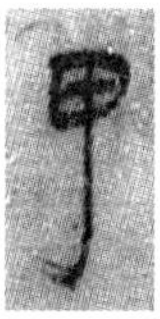

8-702背+8-751正 ☐二甲

8-1372 甲辰

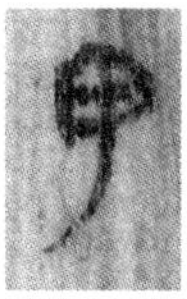

9-10b 甲午

9-12b 甲子

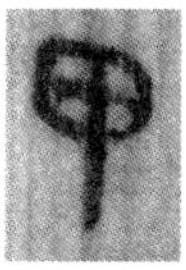

9-2045 甲三百卌九

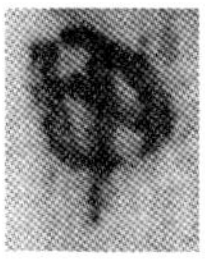

16-6a 甲兵

乙

1501

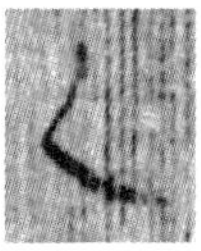

8-1545　乙酉

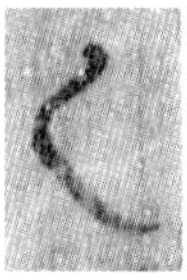

8-2093+8-2180　乙酉

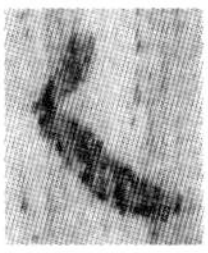

8-143正+8-69正+8-2161正　乙未

8-2247　乙巳

9-10a　乙酉

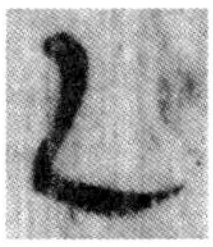

9-11b　乙丑

乾

1502

8-244第一欄　☐一人乾（榦）荆（井）　按：「乾」，通「榦」。

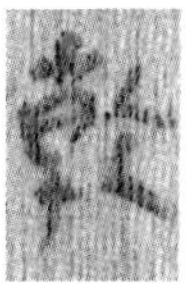

8-780第一欄　三人負土：軫、乾人、央芻　按：「乾人」，人名。

8-1022　乾鮐魚

8-1705　乾鱸魚

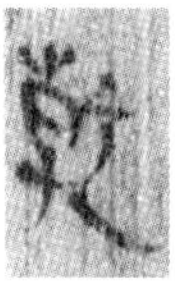

8-792+8-1772　乾，取乾、取寶臧（藏）

9-1138　歙水十一升，乾重八

丙

1503

8-71　丙戌

8-1141+8-1477正　丙戌

8-1886　丙子

8-2025正　丙辰

9-10a　丙午

9-14a　丙辰

16-6a　丙子

丁

1504

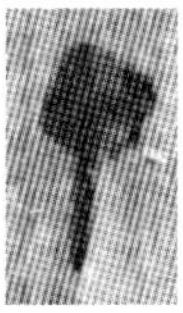

8-157背　丁酉

8-841　丁亥

8-2093+8-2180　丁巳

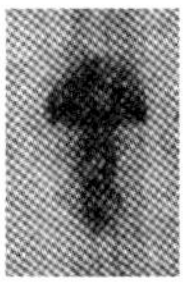
9-11a　丁酉

9-2350a　丁巳

12-849b　丁亥

戊

1505

8-60正+8-656正+8-665正+8-748正　戊寅

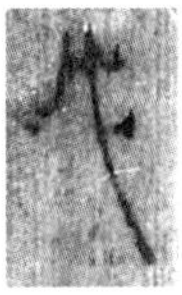
8-558　戊辰

8-1002+8-1091　戊午

8-1580　戊午

9-7a　戊申

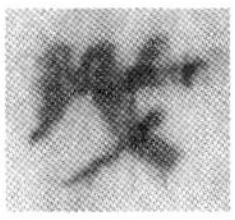
16-6b　戊午

成

1506

8-38　☑陳亭，成都亭，獨☑　按：「成都亭」，地名。

8-157正　成里　按：「成里」，地名。

8-918　安成不更李□☑　按：「安成」，地名。

8-988　成都　按：「成都」，地名。

8-1800　喜、成、典販　按：「成」，人名。

10-1157　東成　按：「東成」，地名。

己
1507

5-22　己亥

8-66正+8-208正　己未

8-161+8-307　己未

8-746正+8-1588正　己酉

9-11b　己未

16-2　己未

巴
1508

8-61正+8-293正+8-2012正　巴叚（假）守　按：「巴」，地名。

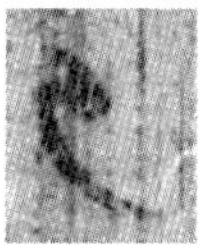
8-207正　皆食巴葵　按：「巴」，地名。

8-2316　▨巴▨　按：辭例殘缺。

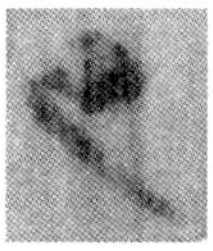
16-6a　巴南郡　按：「巴南郡」，地名。

庚

1509

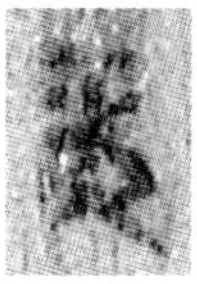
5-1正　庚子

8-163正　庚戌

8-890+8-1583　庚申

8-2103　庚寅

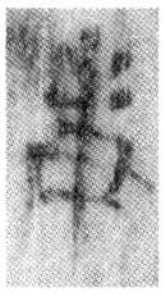
9-14a　庚寅

16-6a　庚寅

辛

1510

8-44　辛丑

8-164正+8-1475正　辛酉

8-1141+8-1477正　辛未

9-11a 辛未

9-12b 辛卯

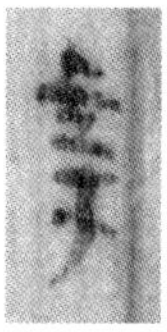
16-9a 辛巳

辠
1511

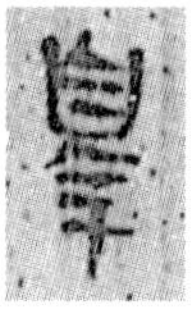
8-136正+8-144正 有逫耐辠（罪）以上 按：「辠」，同「罪」。

8-2030正 窯、銜有它辠（罪） 按：「辠」，同「罪」。

辤
1512

8-93 ☐辤☐ 按：辭例殘缺。

8-209正 辤（辭）曰…… 按：「辤」，同「辭」。

8-1008+8-1461正+8-1532 如辤（辭）

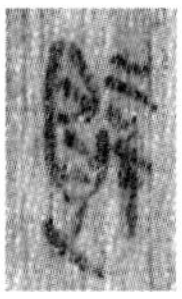
8-1298+8-1354 辤（辭）曰

8-2138　▨□守府敢辤（辭）▨

9-3a　毋聽流辤（辭）

壬

1513

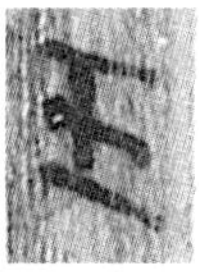

8-45+8-270　壬子

8-673正+8-2002正　壬辰

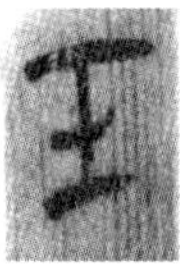

8-2141　▨壬敢▨　按：「壬」，似為人名。

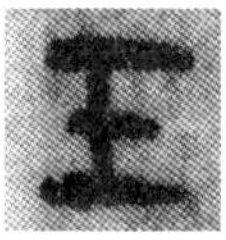

9-11a　壬寅

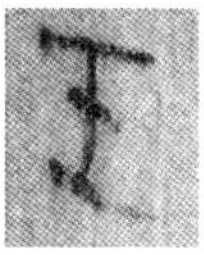

9-14b　壬戌

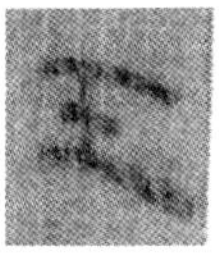

9-762　佐壬　按：「壬」，人名。

癸

1514

8-63正　癸卯

8-67正+8-652正　癸丑

8-1170+8-1179+8-2078　癸亥

9-7b 癸巳

9-11a 癸巳

15-259 癸丑

子

1515

8-19第二欄 大女子

8-137背 且致劾論子

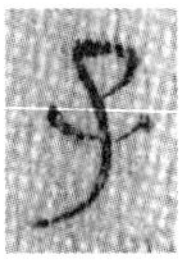
8-1236+8-1791 大夫子三戶

8-1463背 庚子

9-43 大女子

9-1112a 丙子

字

1516

6-1正第六欄 凡千一百一十三字

季

1517

8-659正+8-2088 芒季 按：「芒季」，人名。

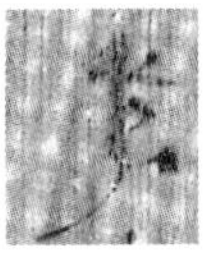
8-1065 令史忘季 按：「忘季」，人名。

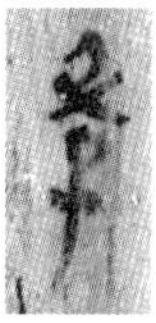

8-1481背　酉季一石　按：「酉季」，《校釋》疑為人名。

8-1558正　及告畜官遺之書季有☐　按：語義不詳。

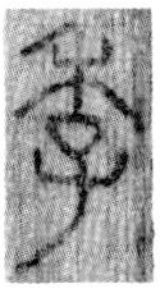

8-1694　毛季　按：「毛季」，人名。

8-659正+8-2088　季幸少者　按：「季」，人名。

孟

1518

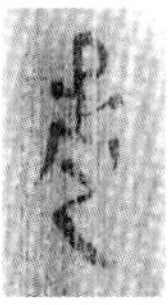

8-1864　☐孟䲡左過其☐　按：語義不詳。

存

1519

8-135正　問狼船存所　按：「狼」，人名。

8-534　不𣉻（知）死產存所

16-1010　存者

疑

1520

8-340　疑□□☒　按：辭例殘缺。

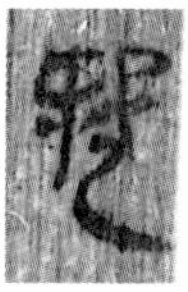

8-997　疑它郡縣

8-61正+8-293正+8-2012正　不疑手　按：「不疑」，人名。

孱

1521

8-467　孱陵　按：「孱陵」，地名。

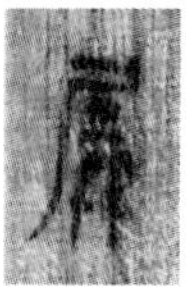

8-1444背　孱陵　按：「孱陵」，地名。

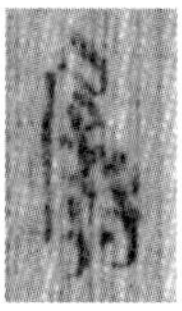

8-1545　孱陵　按：「孱陵」，地名。

8-2019正　孱陵　按：「孱陵」，地名。

16-52第二欄　孱陵　按：「孱陵」，地名。

疏

1522

8-487+8-2004正　疏書

8-1069背+8-1434背+8-1520背　疏書

8-1517正　疏書

10-1595a　疏書

丑

1523

8-44　辛丑

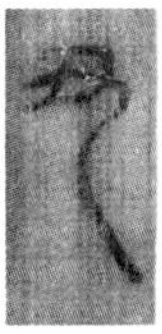

8-715背　辛丑

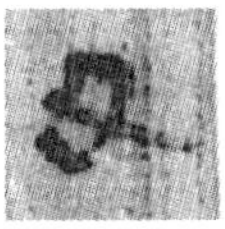

8-2104　乙丑

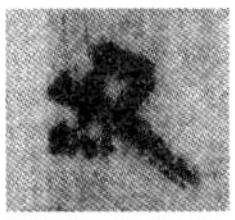

9-7b　乙丑

9-12b　乙丑

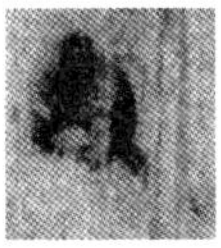

15-259　己丑

寅 1524

8-60正+8-656正+8-665正+8-748正 戊寅

8-839+8-901+8-926 庚寅

8-1563正 壬寅

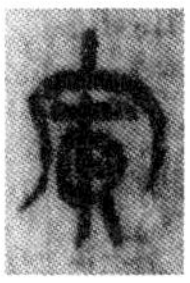
9-11a 壬寅

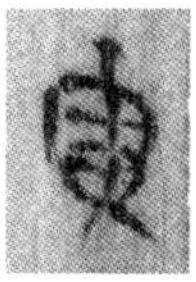
9-14a 庚寅

9-739 庚寅

卯 1525

6-4 己卯

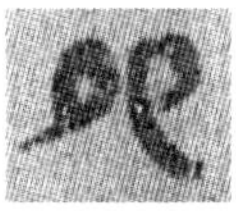
8-63正 癸卯

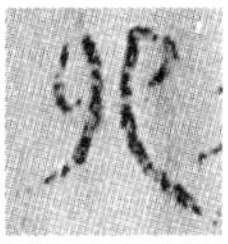
8-143正+8-69正+8-2161正 辛卯

8-329 辛卯

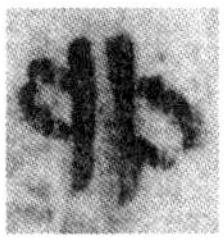
9-12b 辛卯

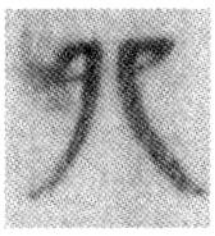
16-5b 癸卯

辰 1526

8-216+8-351+8-525 丙辰

8-558 戊辰

8-1372 甲辰

8-1712+8-1811 壬辰

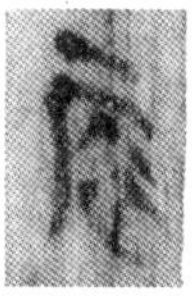

9-14a 丙辰

16-5b 丙辰

巳

1527

8-66正+8-208正 乙巳

8-1565正 丁巳

8-1055+8-1579 己巳

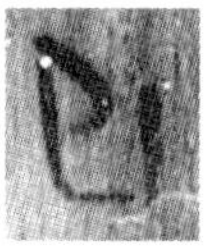

8-2086 丁巳

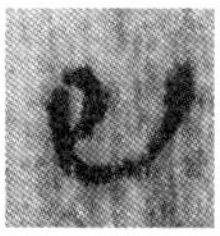

9-7b 癸巳

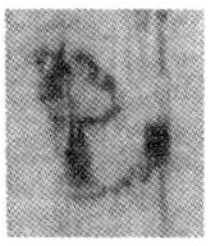

9-1112b 辛巳

㠯

1528

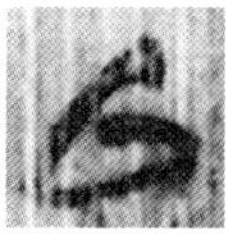

5-9正 ☒悳以公命告□☒ 按：此簡帶有楚系文字風格。

6-2 遷陵以郵行洞庭

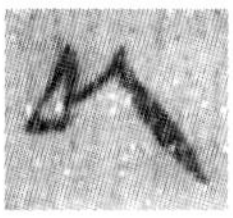

8-297+8-1600 以人數☒ 按：辭例殘缺。

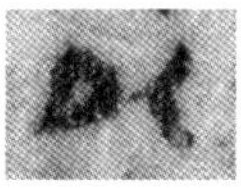

9-7b 以律令從事

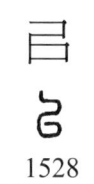

已

1529

9-12b　以洞庭司馬印行事

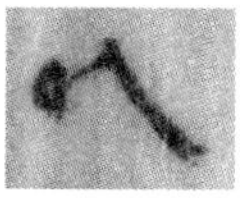

12-10b　越人以城邑反

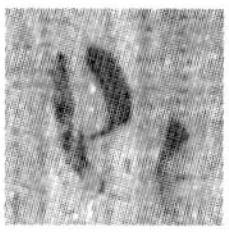

8-39　已死　按：「已」、「巳」為一字分化。

8-152正　已到

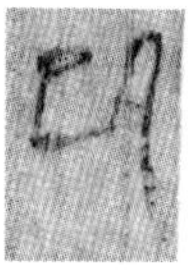

8-282+8-306　五月已事束▨

8-1832+8-1418　已決

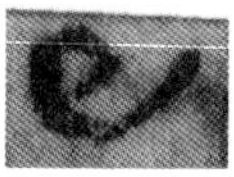

9-7a　已訾其家

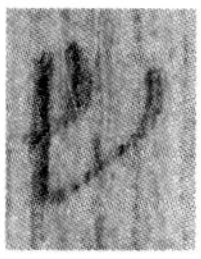

9-39　已狠（墾）田輒上其數

午

1530

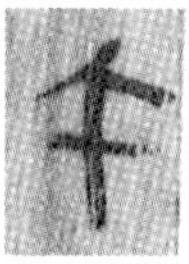

8-137正　戊午

8-140正　甲午

8-157正　甲午

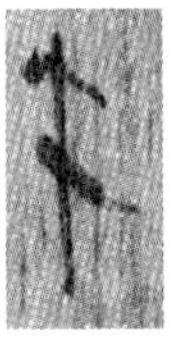
8-175背　佐午行　按：「午」，人名。

9-12a　丙午

10-673　戊午

未

1531

8-135正　未歸

8-132+8-334　辛未

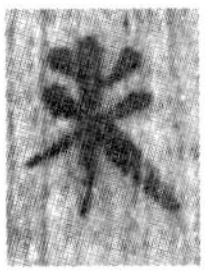
8-2030正　未來

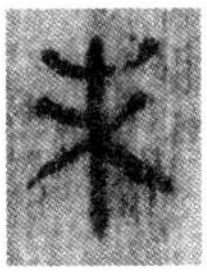
9-7b　至今未報謁

9-7b　己未

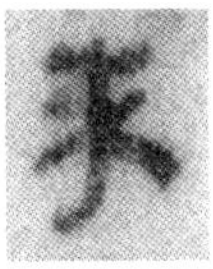
16-6b　己未

申

1532

8-141正+8-668正　庚申

8-673正+8-2002正　丙申

8-916　丙申

8-1800　甲申

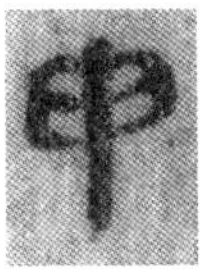
9-7a　戊申

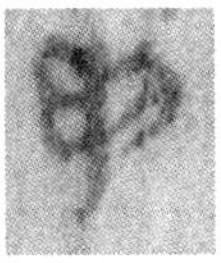
16-6b　戊申

與 1533

8-1139　☐□與（瘐）死，過程四☐　按：「臾」，《校釋》疑通「瘐」。

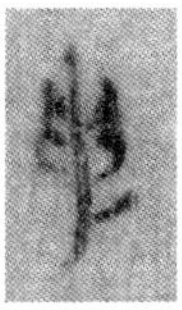

9-2307　與人

酉 1534

8-143正+8-69正+8-2161正　乙酉

8-164正+8-1475正　辛酉

8-1565正　酉陽

9-7a　己酉

9-739　酉陽　按：「酉陽」，地名。

16-2022a　酉陽　按：「酉陽」，地名。

酒 1535

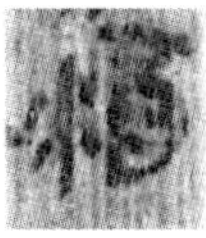

8-907+8-923+8-1422　酒二斗八升

8-1221　醇酒

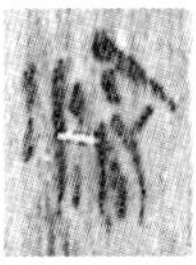

8-1290+8-1397　溫酒一桮（杯）

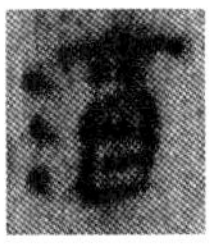

14-698　酒一斗半

醴
醴
1536

8-761　醴陽　按：「醴」，《釋文》釋「醁」，《校釋》釋「醴」。「醴陽」，地名。

8-2319　醴陽　按：「醴陽」，地名。

醇
醇
1537

8-1221　醇酒

牆
牆
1538

9-20a 第四欄　出半斗爲醬

戌

1539

8-163正 庚戌

8-664背+8-1053背+8-2167背 甲戌

8-1083 丙戌

8-1411+8-1477正 丙戌

9-3a 戊戌

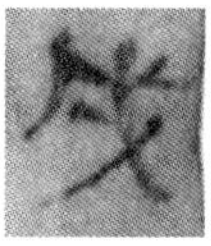

16-6b 庚戌

亥

1540

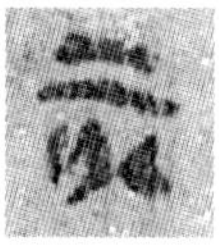

8-63正 辛亥

8-164正+8-1475正 丁亥

8-841 丁亥

8-811+8-1572 癸亥

8-2105 辛亥

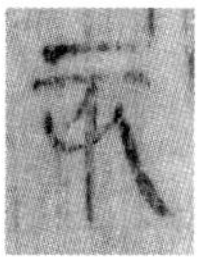

9-2301 乙亥

里耶秦簡文字編·合文

1541 十一

8-143正+8-69正+8-2161正

8-665背

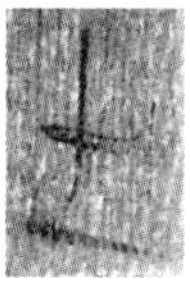
8-1048

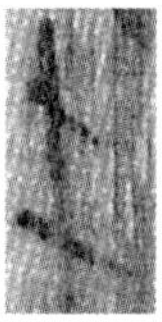
8-1060+8-1405

1542 十二

8-334+8-132

8-1239+8-1334

8-1798

十月

1543

8-1239+8-1334

七十

1544

6-15

8-1095第二欄

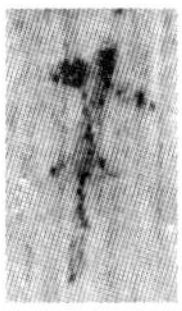

8-1260

8-1457背+8-1458背

8-2375

七月

1545

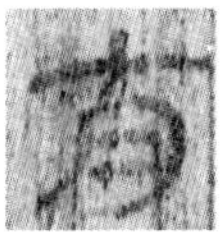

8-257+8-937+8-1078

8-648正

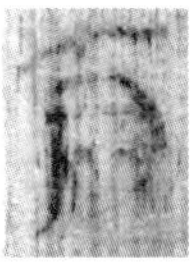

8-682背

8-682背

8-673正+8-2002正

8-2188正

1546 七日

8-1014

1547 九月

8-164正+8-1475正

8-1560背

8-1777+8-1868

8-2008背

1548 大夫

6-16

8-528正+8-532正+8-674正

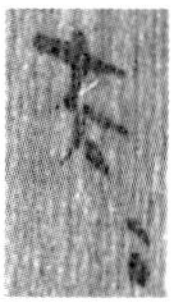
8-834+8-1604

8-1236+8-1791

8-1589

8-1623

1549 五十

8-1095第一欄

8-1095第二欄

8-2202

升一

1550

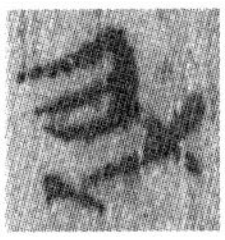

8-216+8-351+8-525

里耶秦簡文字編·疑難字

01

5-8背　按：《釋文》未釋，《校釋》疑為「舍」。

02

5-8背　按：《釋文》未釋，《校釋》疑从「宀」从「邑」。

03

8-34　按：此字或即「敦」。

04

8-66正+8-208正　按：《釋文》釋「輗」，《校釋》未釋。

05

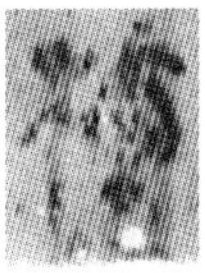

8-135正　按：《釋文》、《校釋》未釋，學者或釋「棹」、「梔」。

06

8-135正　按：《釋文》未釋，《校釋》疑為「屯」。學者或釋「午」。

07

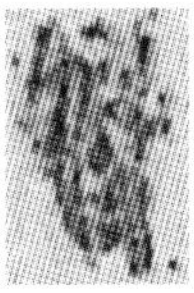

8-149+8-489第二欄

08

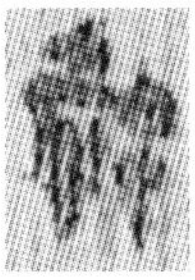

8-149+8-489第四欄

09

165正　按：《釋文》釋「時」，《校釋》未釋。

10

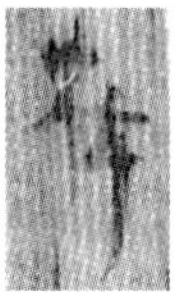

8-192正　按：《釋文》釋「旂」，《校釋》未釋。

8-462正+8-685正　按：《釋文》釋「材」，《校釋》未釋。學者或釋「枋」。

11

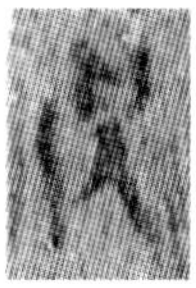

8-209正　按：《校釋》疑為「欣」。

12

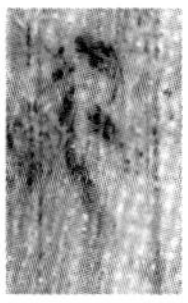

8-231　按：《釋文》釋「徒」，《校釋》未釋。

13	14	15	16	17
	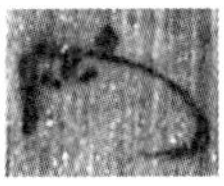		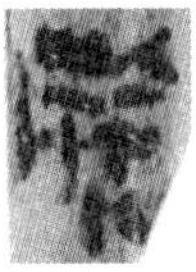	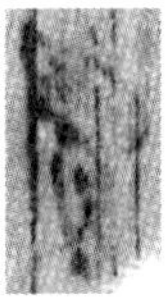
8-237	8-340	8-340	8-408	8-441
按：學者或以為下部从「它」。	按：似為未寫完之字。	按：字殘，上部似為「安」。	按：學者或釋「監」。	

18

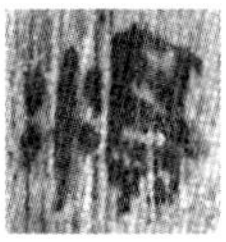

8-450

19

8-463

20

8-167正+8-194正+8-472正+8-1011正　按：殘字，《釋文》釋「縢」。

21

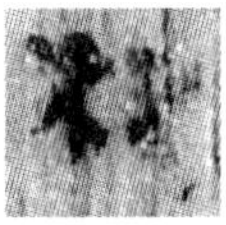

8-478第二欄

22

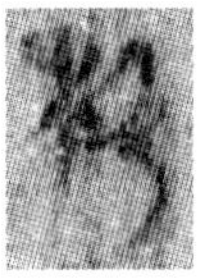

8-478第二欄　按：《釋文》釋「柧」，《校釋》未釋。

23

8-149+8-489第二欄　按：《釋文》未釋，《校釋》釋「⿱髟豕」。

24

8-528正+8-532正+8-674正

25

8-528正+8-532正+8-674正　按：《釋文》釋「⿱龹衣」，《校釋》未釋。

26

8-615　按：似為「後」。

27

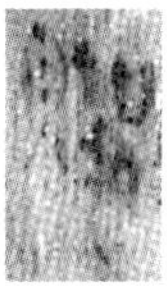

8-660正

28

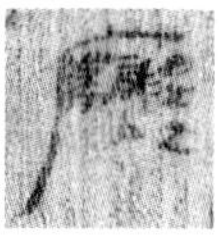

8-662正

29

8-662背　按：《釋文》釋「懱」，《校釋》未釋。

30

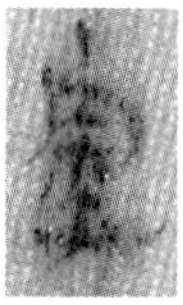

8-673背+8-2002背

31

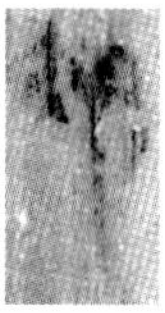

8-711背　按：《釋文》釋「[illegible]」，《校釋》未釋。

32

8-713背　按：《釋文》釋「唐」，《校釋》以為是「廣」字未寫完。

33

8-713背

34

8-752正　按：《釋文》釋「覃」，《校釋》未釋。

35

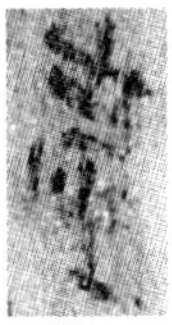

8-26+8-752正

36

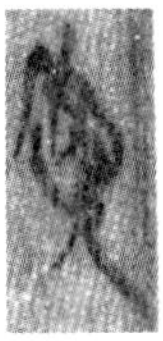

8-760　按：《釋文》釋「究」，《校釋》未釋。學者或釋「郤」。

37

8-765正　按：《釋文》釋「屆」，《校釋》以為从「尸」、从「首」。

38

8-780第一欄

按：《釋文》釋「槝」，《校釋》未釋。

39

8-961

40

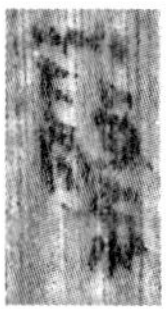

8-982+8-1124

8-982+8-1124

41

8-984

按：《釋文》釋「狡」，《校釋》以為右旁為「交」，待考。

42

8-1017第一欄

43

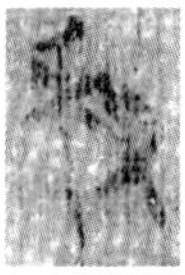

8-1033 按：《釋文》釋「秏」，《校釋》未釋。學者或釋「秉」。

44

8-1066 按：《釋文》釋「端」，《校釋》未釋。

45

8-962+8-1087 按：《校釋》疑為「羡」之變體。

46

8-1170+8-1179+8-2078 按：字形下部殘缺。

47

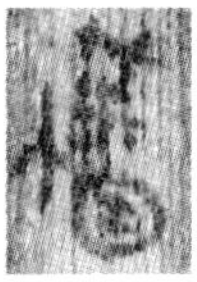

8-1237 按：《校釋》未釋，學者或釋「藩」。

48

8-1260 按：《校釋》釋「成」，《校釋》以為从「戈」，待考。

49

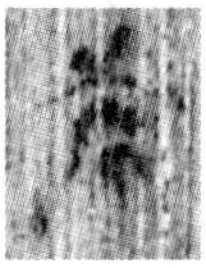

8-1277

50

8-1284 按：《校釋》釋「䫉」。

51

8-1502 按：《釋文》未釋，《校釋》釋「綸」。

52

8-1531背 按：《釋文》釋「貽」，《校釋》未釋。

53

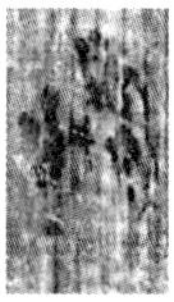

8-1544

54

8-1554背

55

8-1570

56

8-1575

57

8-1585 按：《釋文》釋「亯」，《校釋》未釋。學者或釋「高」。

58

8-1623　按：《釋文》未釋，《校釋》釋「茆」。

59

8-68正+8-1641第三欄

60

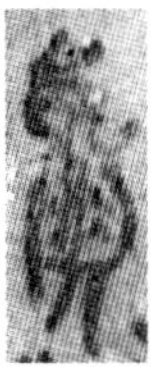

8-681正+8-1641第三欄

61

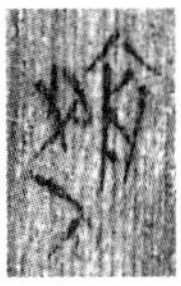

8-1643　按：學者或以為从「人」、从「舟」。

62

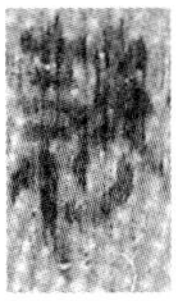

8-1664第三欄

63

8-1707

64

8-1797

按：《釋文》釋「宜」，《校釋》未釋。

65

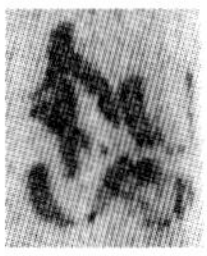

8-1798

按：《釋文》釋「鉆」，《校釋》疑為「缺」。

66

8-1798

按：《釋文》未釋，《校釋》疑从「疒」。學者或釋「睆」。

67

8-1844

按：疑即「綰」字。

68	69	70	71	72
		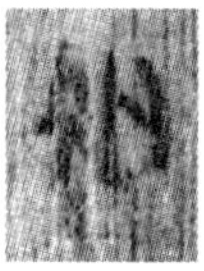		
8-1846	8-1872	8-2026正	8-2029正	8-2034背
按：《釋文》未釋，《校釋》釋「又」。		按：《釋文》、《校釋》釋「伯」。此字似从「糸」从「白」。	按：《釋文》、《校釋》未釋，學者或釋「定」。	

73		74	75	76

8-2100	8-2100	8-2145	8-2186	9-2352a
按：《釋文》釋「申」，《校釋》未釋。	按：《釋文》釋「申」，《校釋》未釋。	按：《釋文》釋「抶」，《校釋》未釋。	按：《釋文》釋「新」，《校釋》未釋。	

77

15-259

78

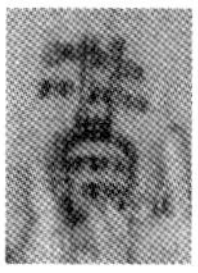

K1/25/50

里耶秦簡文字編·符號

丨

8-361

8-410

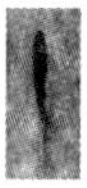
8-454第三欄

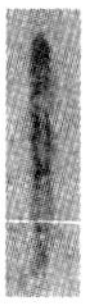
8-454第三欄

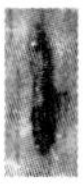
8-478第一欄

8-594

／

5-23

8-63正

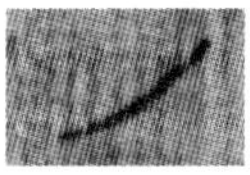
8-157背

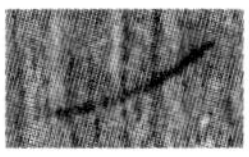
8-1069背+8-1434背+8-1520背

•

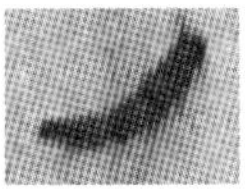
8-673 正+8-2002 正

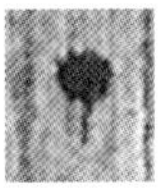
5-22

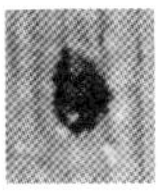
6-5 第一欄

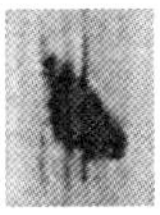
8-19 第二欄

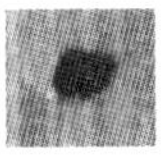
8-102+8-597

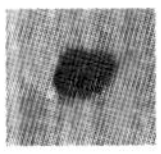
8-154 正

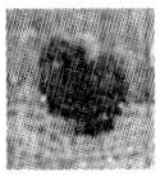
8-1087+8-692

乚

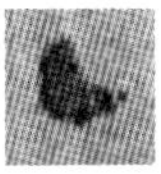
8-63 正

8-135 正

8-149+8-489 第二欄

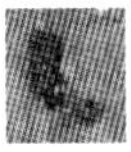
8-925+8-2195

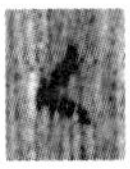
8-1357

8-1705

里耶秦簡文字編・圖案

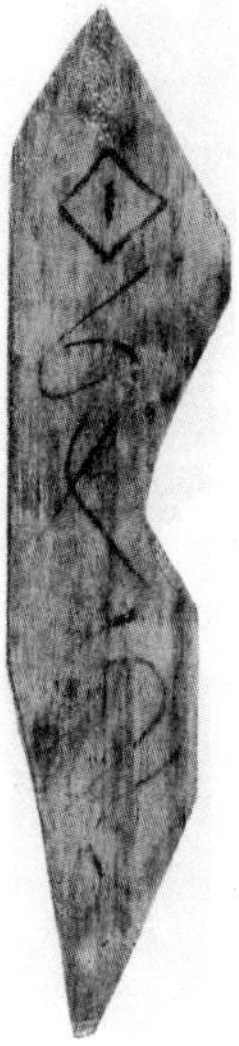

5-2正

5-2背

8-177正+8-328+8-1679

8-177正+8-328+8-1679

8-177正+8-328+8-1679

8-177正+8-328+8-1679

8-177正+8-328+8-1679

8-777

8-1201

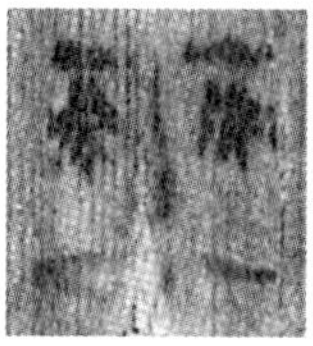
8-1413

里耶秦簡釋文

第五層

元年七月庚子朔丁未，倉守陽敢言之：獄佐辨、平、士吏賀具獄，縣官食盡甲寅，謁告過所縣鄉以次續食。雨留不能投宿齎。來復傳。零陽田能自食。當騰期卌日。敢言之。七月戊申，零陽龏移過所縣鄉。齮手。七月庚子朔癸亥，遷陵守丞固告倉嗇夫：以律令從事。嘉手。（正）

遷陵食辨、平盡己巳旦□□□□遷陵。

七月癸亥旦，士五（伍）臂以來。嘉發。（背）　5-1

（圖案）（正）

（圖案）（背）　5-2

☑夏伍人□□□□☑（正）

……☑（背） 5-3

☑之中士下事☑（正）

☑死軍坆【貞】☑（背） 5-4

☑戔夌（陵）公歐忑告誘☑（正）

☑戔夌（陵）行士事吕戈☑（背） 5-5

☑齮□□聽書從事，令毋□獄□

☑□□求□□令□尉書埶循行以□

☑□□而□□□各以□次傳，別書埶□屬

☑□卒□□□□在其縣界中□□□☑

☑□行，書到□報，不報□□☑

☑東曹發，它如律令□☑

☑□（正）

☑東曹發。

☑□□凡□□□□少□☑

☑□□□發。

☑□成里公士□以來□發。

☑□□申以來□□。□發。（背） 5-6

☑□布四尋，鈇☑ 5-7

☑□□□□☑（正）

▨□戔夌（陵）□▨（背）　5-8

▨悳以公命告□▨（正）

▨□□□▨（背）　5-9

▨以爲𢦏（攻）具，箸（書）至日□▨　5-10

▨告，它如前▨　5-11

▨朔壬□□□□▨　5-12　（原注釋：右側刻齒爲「五十」。）

□□年□□□□……▨

□二年□□▨　5-13+5-15

☑縣中☑　　5-14

5-15 綴合至 5-13

☑□陽□☑　　5-16

☑彭城守丞☑
☑以得律令□☑　　5-17

大奴一人。
大婢三人。
小奴一人。

小婢一人。

·凡口數六十五☐ 5-18

☐【叔】莕葉有☐

☐實焦□☐

☐□畏害所□☐

☐□□□□☐ 5-19

☐柯□☐ 5-20

☐□□□☐ 5-21

獄東曹書一封，丞印，詣無陽。·九月己亥水下三刻，□□以來☐ 5-22

□□□□印，一泰守府，一成固。九月己亥……⧄ 5-23

⧄陵畜⧄ 5-24

⧄□事□□⧄ 5-25+5-27

⧄□□⧄ 5-26

5-27綴合到5-25

⧄……⧄ 5-28

⧄□□□敬□⧄

⧄□戰半⧄ 5-29

⧄到□□⧄ 5-30

⧄課鄉上⧄

⧄□□斤⧄ 5-31

⧄□□□□⧄ 5-32

齎□□酉齎□□齎□米□煛組□□車□□□工□□（正）

車□曰□□□□□□□□□□□□□□□□（背） 5-33

酉陽以郵行

洞庭。 5-34

遷陵洞庭，

以郵行。 5-35

第六層

【九九】八十一，
【八九】七十二，
七九六十三，
六九五十四，
五九卌五，
四九卅六，（第一欄）
三九廿七，
二九十八，
八八六十四，
七八五十六，
六八卌八，
五八卌，
四八卅二，（第二欄）
三八廿四，
二八十六，
七七卌九，
六七卌二，
五七卅五，
四七廿八，
三七廿一，（第三欄）

二七十四，

六六卌六，

五六卅，

四六廿四，

三六十八，

二六十二，

五五廿五，

四五廿，（第四欄）

三五十五，

二五而十，

四四十六，

三四十二，

二四而八，

三三而九，
二三而六，（第五欄）
二二而四，
一一而二，
二半而一，
凡千一百一十三字。（第六欄）（正）
行郵視範以以郵行行守敢以以
小吏㚒有□（背）　6-1

遷陵以郵行
洞庭。　6-2

□=七石。元年端月癸卯朔□□，司空□□受倉□▨　6-3
原注釋：左側刻齒爲「七石」。

□年四月□□朔己卯，遷陵守丞敦狐告船官

□：令史應讎律令沅陵，其假船二樓，勿留。 6-4

除見錢三百六十，

錢千付令佐處，未出計（第一欄）

・錢□▨

未出▨（第二欄） 6-5

▨佐葦

▨客手 6-6

敢言之：前日言當爲徒隸買衣及予吏益僕。 6-7

☒□年四月己未朔丙子，成都受遷☒　6-8　原注釋：右側刻齒爲「四千一百六十九」。

☒□□□司空隸☒

☒□□二百☒

☒日　☒　6-9

□成不更小黃亥自占，以廿五年三月丁未以城□☒

……　6-10

弋陽須卻☒　6-11

粟米五石三斗泰半，卅五年五月己☒　6-12　原注釋：右側刻齒爲「五石三斗」，以下殘斷。

□□□□□□□□□□□□⧄

□□□□□□□□□□⧄　6-13

⧄華令佐利訊市人，市人不到二、三⧄

⧄【六】人，它如前⧄　6-14

⧄千三百七十二⧄　6-15

守丞大夫敬課

視事卅八日。　6-16

⧄長粟米□倉守禿⧄　6-17

遷陵金布

發洞庭。　6-18

⧄遷陵以郵行⧄　6-19

⧄□□⧄

⧄□□⧄　6-20

⧄月乙亥朔壬□⧄

⧄□卅一年作務⧄

⧄□□□□言⧄（正）

⧄□旦，令佐恬行（背）　6-21

☒首居貲贖責（債）□□☒
☒令□上造□☒
☒□□□日☒　　6-22+6-31

元年八月庚午朔☒
出牛□□□□☒　　6-23　原注釋：左側刻齒可見四個表示個位的刻符。

☒沅陵□☒　　6-24

木具機四，木織杼二，木織幐三☒　　6-25

☒□遷☒　　6-26

☐行洞庭☐ 6-27

☐年十月乙亥朔乙酉，獄【史】☐
☐□其言恐走實不見☐ 6-28

金布律☐ 6-29

☐言之。□☐ 6-30

6-31 綴合至 6-22

☐□貲枚廿五年書有物 6-32+6-36

☐□□□□☐
☐□□百卌□☐ 6-33

☐□□= 6-34

☐□□□☐（正）
☐歸□☐（背） 6-35

6-36 綴合至 6-32

……

☐□□五攻六宅 6-37

☒守嘉　6-38

□□□□□□□□□☒

□□縵□留可以□☒

□□如　☒（正）

……☒

……☒

……☒

……☒（背）　6-39

□□食恙待恙毆，毋以問書爲【敬】☒

□□……☒（正）

……☒

……☒（背）　6-40

第七層

欣敢多問呂柏得毋病？柏幸賜欣一牘，欣辟

席再捧（拜）及捧（拜）者。柏求筆及黑（墨），今敬進。 7-4a

如柏令。寄芍。敢謁之。 7-4b

廿七年吏致走書已☐ 7-14

遷陵吏志。

吏員百三人。

令史廿八人。

【其十】人繇（繇）使。

【今見】人十八。（第一欄）
官嗇夫十人。
其二人缺。
三人繇（繇）使。
今見五人。
校長六人。
其四人缺。（第二欄）
今見二人。
官佐五十三人。
其七人缺。
廿二人繇（繇）使。
今見廿四人。
監牢一人。（第三欄）

長吏三人。
其二人缺。
今見一人。
凡見吏五十一人。（第四欄）　7-67+9-631

卅七年☐
絲一斤☐
白布六☐　7-286

廿八年遷陵隸臣妾及黔首居貲贖責（債）作官府課。・泰凡百八十九人。死亡・衛（率）之六
人六十三分人五而死亡一人。（A）
已計廿七年餘隸臣妾百一十六人。
廿八年新・入卅五人。

·凡百五十一人，其廿八死亡。·黔道〈首〉居貲贖責（債）作官卅八人，其一人死。 7-304a

令拔、丞昌、守丞膻之、倉武、令史上，上逐除，倉佐尙、司空長史部當坐。 7-304b

第八層

廷戶發　8-1

☐辰朔乙□，遷陵將計叚（假）丞☐
☐□□□數，與計偕。·問之□☐　8-2+8-77正+8-108

☐令史□☐　8-77背

☐□【倉曹】發　8-3

☐【士】五（伍）索文召豖。
☐感手。　8-4

者　牒令佐莊。　8-5+8-37

都鄉。　8-6

稻五斗。卅一年九月辛亥倉☒

令史尚☒　8-7　原注釋：左側刻齒爲「五斗五」。

☒　毋應此里人名者。　8-8

卅二年司空徒☒　8-9

☒徒令與瘳恒將　8-10

賁一甲二　☐　8-11

遷陵以郵行・洞庭。　8-12

皆當爲禁錢□☐　8-13

☐□□□

☐洞庭　8-14

謾縵☐　8-15

廿九年盡歲田官徒薄（簿）廷。　8-16

☐廷　8-17

☐隸臣赤　8-18

☐□二戶。

大夫一戶。

大夫寡三戶。

不更一戶。

小上造三戶。

小公士一戶。（第一欄）

士五（伍）七戶。☐

司寇一【戶】。☐

小男子□☒

大女子□☒

·凡廿五☒（第二欄） 8-19

☒□□□□□戍士☒

☒□□曹發☒ 8-20

計以具付器計廿八年不來報，敢言之。□□□□□□☒

寫移令史，可以律令從事，敢【告】☒ 8-21

卅五年八月丁巳朔甲申，遷陵丞遷下辤（辭）少內，以律令從事。俱手。 8-22+8-131+8-378+8-514

☒字伍長 8-23

☐□四時志會□☐ 8-24

不與辥（辭）相應是□☐ 8-25

☐弦三，旌弦一，矢五十，臬參一，竹籣一，凡百八。卅二年□月壬辰，庫武、佐横

☐不更成（城）父安平口徒、上造廣武竈、簪褭魚（漁）陽□。凡以。 8-26+8-752正

☐□□□ 8-752背

石。 卅五年九月乙丑朔。 8-27

囚銜六石七斗未靡☐ 8-28

☒二。　卅一年十月庚寅，遷陵司空守茲付洞庭都☒　8-29+8-371

廷。　8-30

其一人爲甄運土。　8-31

遷陵以郵行洞庭。　8-32

少內。　8-33

西巫里夫練屬五百朱□□□□☒　8-34

凡八石。　8-35

願予使者。 ☐ 8-36

8-37 綴合至 8-5

☐陳亭、成都亭，獨☐ 8-38

廿八年啓陵鄉歐已死，
佐見已死。廿九年鄉歐、佐緩已死。卌年 8-39

☐忠☐
☐長□☐ 8-40

▨死亡者別以爲二課，不應令，書到亟　8-41

▨事志一牒。有不定者，謁令饒定。敢▨　8-42+8-55

▨事渠黎取爲庸，何解？　8-43

卅年四月辛丑司空守文▨　8-44　原注釋：左側刻齒爲「二十四」。

稻四。卅一年五月壬子朔壬戌，倉是、史感、稟人出稟牢監襄、倉佐囗。四月三日。
令史尚視平。　感手。　8-45+8-270

□□▨　8-46

☐司空色敢言之。☐
☐□月朔日問之☐
……☐　8-47

☐□隸臣滑人。
☐感手　8-48

☐鄉、貳春、啓陵☐　8-49

☐□倉□建□□□畜官適□☐
☐□謁告過所縣鄉，以次續食，雨☐
☐騰騰。遷陵田能自食。敢言之☐
☐□□丞遷移酉陽、臨沅。　俱☐　8-50+8-422

☐□險。五月丙辰☐
☐月甲子，日中過盈☐　8-51

廷主吏發。　8-52

受受受☐　8-53

傳　8-54

8-55 綴合至 8-42

徑廥粟米二石。　☐

卅一年十月乙酉，倉守妃、佐富、稟人援出稟屯☒　8-56　原注釋：左側刻齒爲「二石」。

☒將詣臨沅　8-57

☒啓陵鄉守恬付少內守華。　8-58

春五十九人。　8-59

十二月戊寅，都府守胥敢言之：遷陵丞膻曰：少內巸言冗
佐公士僰道西里亭貲三甲。爲錢四千卌二。自言家能入。
爲校□□□謁告僰道受責。有追，追曰計廿八年□
責亭妻胥亡。胥亡曰：貧，弗能入。謁令亭居署所。上真書謁環。□□
僰道弗受計。亭讂當論，論。敢言之☒。　8-60正+8-656正+8-665正+8-748正

十二月己卯，僰道郤敢告遷陵丞主，寫☑
事，敢告主。冰手。六月庚辰，遷陵丞昌告少內主，以律令□☑
手六月庚辰水十一刻刻下六，守府快行少內。☑
六月乙亥水十一刻刻下二，佐同以來。元手。☑　8-60背+8-656背+8-665背+8-748背

☑未朔己未，巴叚（假）守丞敢告洞庭守主：卒人可令縣論☑
卒人，卒人已論，它如令。敢告主。不疑手。・以江州印行事。
六月丙午，洞庭守禮謂遷陵嗇夫：□署遷陵亟論言史（事），署中曹發，它
如律令。和手。　8-61正+8-293正+8-2012正
☑佐惜以來。欣發。　8-61背+8-293背+8-2012背

卅二年三月丁丑朔朔日，遷陵丞昌敢言之：令曰上
葆繕牛車薄（簿），恒會四月朔日泰（太）守府。・問之遷陵毋

當令者，敢言之。（正）

三月丁丑水十一刻刻下二，都郵人□行。　尚手（背）　8-62

廿六年三月壬午朔癸卯，左公田丁敢言之：佐州里煩故爲公田吏，徙屬。事荅不備，分負各十五石少半斗，直錢三百一十四。煩冗佐署遷陵。今上責校券二，謁告遷陵令官計者定，以錢三百一十四受旬陽左公田錢計，問可（何）計付，署計年爲報。敢言之。

三月辛亥，旬陽丞滂敢告遷陵丞主：寫移，移券，可爲報。敢告主。兼手。

廿七年十月庚子，遷陵守丞敬告司空主，以律令從事言。應手。即走申行司空。（正）

十月辛卯旦，朐忍索秦士五（伍）狀以來。慶半。　兵手。（背）　8-63

卻之：廷令尉、少內各上應書廷，廷校，今少內□☑

日備轉除以受錢，而尉言毋當令者，節☑　8-64正+8-2010正

當坐者，以書言，署金布發。　☑8-64背+8-2010背

酉陽　·洞庭。（正）

廷戶發。（背）　8-65

八月乙巳朔己未，門淺□丞敢告臨沅丞主：騰真書，當騰騰，敢告

主。定手。　8-66正+8-208正

十月丁卯水十一刻下九，都郵士五（伍）纑以來。謝發。

十四　8-66背+8-208背

廿六年十二月癸丑朔辛巳，尉守蜀敢告之：大（太）守令曰：秦人□□□

侯中秦吏自捕取，歲上物數會九月望大（太）守府，毋有亦言。

問之尉，毋當令者，敢告之。　8-67正+8-652正

辛巳，走利以來。□半。憙⍁　8-67背+8-652背

守　守㇀守守　適言之⧄（正）

與與　⧄（背）　8-68　原注釋：正背面書寫順序相反。

廿四年九月癸亥朔乙酉，畜□獲敢言之，廼四月乙未言曰□⧄

蓋侍食羸病馬無小，謁令官遣□更繕治，致（至）今弗遣步（涉）冬多雨，韓□⧄

病者無小，今止行書徒更戍城父柘里士五（伍）辟，繕治謁令尉定⧄

之。廿五年十一月辛卯朔朔日，遷陵□丞繹告尉主聽書從事，它　8-143正+8-69正+8-2161正

如律令。履手。十一月壬□日入，隸妾規行⧄

十一月辛卯旦，史穫以來。⧄□發　【獲】⧄　8-143背+8-69背+8-2161背

⧄□□日備【歸】　□□□□□……⧄

⧄勿令繆失，以縱、不直論，有令⧄　8-70正+8-1913正

筋

列削削筋箾筋筋　　8-70背+8-1913背

卅一年二月癸未朔丙戌，遷陵丞昌敢言之：遷☑

佐日備者，士五（伍）梓潼長親欣補，謁令☑（正）

二月丙戌水十一刻刻下八，守府快行旁曹。☑（背）　　8-71

☑□寫上，敢言之。忠【手】☑

☑□發☑（正）

……☑

☑一人病☑（背）　　8-72

卅四年後九月壬辰朔壬寅，司空☐

載粟，謁告啓陵☐

……☐（正）

……☐（背）　8-73

☐遷陵小☐

☐去田官☐（正）

☐發☐（背）　8-74

廿八年十二月癸未，遷陵守丞膻之以此追如少內書。犯手☐

甲申水下七刻，高里士五（伍）□行。☐

七月辛亥，少內守公敢言之計：不得□膻隤有令，今遷陵已定，以付鄴少內金錢計，計廿☐

□年。謁告鄴司佐：□雖有物故，後計上校以應遷陵，毋令校繆，繆任不在遷陵，丞印一□☐

8-75正+8-166正+8-485正

弗用，不來報，敢言之。氣手。□水下八刻，佐氣以來。敞□☑

七月壬子，遷陵守丞膻之敢告鄢丞以寫□，敢告之。尚手。□水

□佐氣行旁。☑

□□水下□刻□□以來。犯手☑　　8-75背+8-166背+8-485背

☑□□

☑……□=不

☑之。駔手。

☑言之。堪手。（正）

……

☑敬手。（背）　　8-76

8-77 綴合至 8-2

☒□□遷陵陽里士五（伍）慶、圂☒
廿九年十一月辛酉，洞庭叚（假）卒史悍☒
從事，毋令慶有所遠之 ☒
·封遷陵丞有□☒
十一月壬戌，遷陵☒（正）

□□☒
☒□酉水下盡，隸臣唯以☒（背）　8-78

☒□　卅五年
☒□當□錢（正）
☒□□□□□（背）　8-79

☒□遷陵☒　8-80

☒佐富、稾人出稾屯戍☒　8-81

☒□賀輪羽。☒　8-82

☒進趙【柏】☒　8-83

遷陵令若☒（正）
若藿（背）　8-84

☒□癸□朔丁巳，尉守☒

☒□□□物色，恒☒

☒□☒（正）

☒□□□□赤色□☒

☒□遷陵守丞都敢告□☒

☒……☒（背）　8-85

☒里據□

☒人□□□□來（正）

☒□三月戊午日中，據

☒……之（背）　8-86

☒□□□□☒

☒病　☒（正）

☒里□☒

☒【鄉】□舍內中☒（背）　8-87

☒令，今公有令　8-88

☒□利足行洞庭　8-89+8-117

☒遷陵以郵利足行洞庭，急。　8-90

固　8-91

閻水原貳山

閻單（第一欄）

楬☐

唐☐

貳口☐（第二欄）　8-92

☐辭☐

☐弦少☐　8-93

群志

式具此

中。以。　8-94

□一。

輪二。

張一司。（第一欄）

□□⧄

軵二⧄

鞏四⧄（第二欄）　8-95

繭六兩。　丗五年六月戊午朔丁卯，少內守⧄　8-96　原注釋：右側刻齒爲「六兩六」。

⧄□·洞庭⧄　8-97

⧄□吏曹當上尉府計者行齎勿亡。　8-98+8-1168+8-546

遷陵洞⧄　8-99

敢……華□……□□□□□□季▨

□遣章公□非……□□□□……□□▨

賤走骨……九不……在▨

子不脊▨……不得□□□辛……邪▨

□……□得=產不□……▨

謁報……　　8-100

▨守□敢言之：泰守▨

▨者輒言定▨　　8-101

凡出錢千三百一十三。　·賣牛及筋▨　　8-102+8-597

▨□毋物可問者，欲□▨

⍁□□□唯毋□□⍁　　8-103

⍁室發賦皆⍁　　8-104

彭陽　內史。　　8-105

⍁遷陵戍卒多爲吏僕，吏僕⍁　　8-106

繞⍁　　8-107

8-108 綴合至 8-2

廿五年九月乙酉【朔】⍁

曰受蓬鐵權⍁

蓬定以付遷□⍁

九月丁亥，蓬丞章□⍁　　8-109+8-386

⍁庚寅朔辛亥，【倉】⍁

⍁□皆盡三月，遷□⍁

食如律。雨留不能投宿齎。⍁

三月庚寅朔辛亥，遷⍁　　8-110+8-669 正

令佐溫。⍁

□戍□□□陽翟□⍁

更□士□□□中痤⍁　　8-669 背

⍁羊官　　8-111+8-1411

☒　目手。☒　8-112

☒公卒□☒

☒爲籣、枝☒　8-113

□當氣（乞）鞫☒　8-114

遷陵以郵行洞庭。☒　8-115+8-338

☒庭。　8-116

8-117綴合至8-89

☒　畸手。　8-118

城旦脩☒　8-119

後年今□☒　8-120

上丞相☒　8-121

言事守府及移書它縣須報。　8-122

敢言之。　8-123

☐尺者百廿枚☐ 8-124

☐□七日，日四升六分升一。
☐ 得手。 8-125

陽里戶人□☐
小妾無蒙☐ 8-126

☐□以下者廿☐ 8-127

☐與從事而云渠☐ 8-128

8-129 綴合至 8-82

丗一年後九月庚辰朔甲囗，……卻之：諸徒隸當爲
吏僕養者皆屬倉……倉及卒長髟所
署倉，非弗智（知）殹，蓋……可（何）故不騰書？近所官
亘（恒）曰上真書。狀何……□□□□□☐　8-130正+8-190正+8-193正
後九月甲申旦食時……尚手。　8-130背+8-190背+8-193背

8-131綴合至8-22

☐冗募群戍卒百丗三人。
☐廿六人。·死一人。
☐六百廿六人而死者一人。（第一欄）
尉守狐課。

十一月己酉視事，盡十二月辛未。（第二欄） 8-132+8-334

或遝。廿六年三月甲午，遷陵司空得、尉乘□☐

卒真薄（簿）

廿七年八月甲戌朔壬辰，酉陽具獄獄史啓敢□☐

啓治所獄留須，敢言之。·封遷陵丞☐（正）

八月癸巳，遷陵守丞陘告司空主，聽書從事☐

起行司空☐

八月癸巳水下四刻走賢以來。行半☐（背） 8-133

【遷】陵以郵

☐行洞庭。 8-134

廿六年八月庚戌朔丙子，司空守樛敢言：前日言競陵漢陰狼假遷陵公船一，袤三丈三尺，名曰□，

以求故荊積瓦。未歸船。狼屬司馬昌官。謁告昌官，令狼歸船。報曰：狼有逮在覆獄己卒史

衰、義所。今寫校券一牒上，謁言己卒史衰、義所，問狼船存所。其亡之，爲責券移遷陵，

弗□□屬。（**A**）

謁報。敢言之。【九】月庚辰，遷陵守丞敦狐郤之：司空自以二月叚（假）狼船，何故弗蚤

辟，至今而（**A**）

誧（甫）曰謁問覆獄卒史衰、義。衰、義事已，不智（知）所居，其聽書從事。慶手。即令

走□行司空。（**A**）（正）

□月戊寅走己巳以來。慶半。　□手。（背）　**8-135**

☐□月己亥朔辛丑，倉守敬敢言之：令下覆獄遝遷陵隸臣鄧

☐□□名吏（事）、它坐、遺言。•問之有名吏（事），定，故旬陽隸臣，以約爲

☐□□史，有遝耐辠以上，毄（繫）遷陵未夬（決）。毋遺殹。謁報覆獄治所，敢言　**8-136**

正+8-144正

☐□□刻刻下六，小史夷吾以來。朝半。　尙手　8-136背+8-144背

☐□朔戊午，遷陵丞遷告畜官僕足，令

☐□毋書史，畜官課有未上，書到亟日

☐□守府事已，復視官事如故，而子弗（正）

☐事，以其故不上，且致劾論子，它承

☐就手。（背）　8-137

廿六年六月壬子，遷陵□【丞】敦狐爲令史更行廟詔：令史行☐

失期。行廟者必謹視中□各自署廟所質日。行先道旁曹始，以坐次相屬。　8-138正+8-174

正+8-522正+8-523正

十一月己未，令史慶行廟。

十一月己巳，令史廮行廟。
十二月戊辰，令史陽行廟。
十二月己丑，令史夫行廟。（第一欄）
□□□□令史韋行。
端月丁未，令史廮行廟。
□□□□，令史慶行廟。
□月癸酉，令史犯行廟。（第二欄）
二月壬午，令史行行廟。
二月壬辰，令史莫邪行廟。
二月壬寅，令史釦行廟。
四月丙申，史戎夫行廟。（第三欄）
五月丙午，史釦行廟。
五月丙辰，令史上行廟。

五月乙丑，令史□□□。

六月癸巳，令史除行廟。（第四欄）　8-138背+8-174背+8-522背+8-523背

☑□月辛丑，令辰佐臣□☑

☑□封遷陵衣用□☑（正）

☑□問此人衣用□☑（背）　8-139

☑朔甲午，尉守傰敢言之：遷陵丞昌曰：屯戍士五（伍）桑唐趙歸

☑日已，以廼十一月戊寅遣之署。遷陵曰：趙不到，具爲報。•問：審以卌

☑……【署】，不智（知）趙不到故，謁告遷陵以從事。敢言之。六月甲午，

臨沮丞秃敢告遷陵丞主、令史，可以律令從事。敢告主。胥手。

九月庚戌朔丁卯，遷陵丞昌告尉主，以律令從事。氣手。九月戊辰旦，守府快行。（正）

☑倍手。（背）　8-140

卅年十一月庚申朔丙子，發弩守涓敢言之：廷下御史書曰縣

□治獄及覆獄者，或一人獨訊囚，嗇夫長、丞、正監非能與

□□殹，不參不便，書到尉言。•今已到，敢言之。　8-141正+8-668正

十一月丙子旦食，守府定以來。連手。　萃手。　8-141背+8-668背

二月辛未，都鄉守舍徒薄（簿）☑

受倉隸妾三人、司空城☑

凡六人。捕羽，宜、委、□☑（正）

二月辛未旦，佐初□☑（背）　8-142

8-143綴合至8-69

8-144綴合至8-136

卅二年十月己酉朔乙亥，司空守圂徒作簿。

城旦司寇一人。

鬼薪廿人。

城旦八十七人。

仗城旦九人。

隸臣毄（繫）城旦三人。

隸臣居貲五人。

·凡百廿五人。

其五人付貳春。

一人付少內。

四人有逮。

二人付庫。

二人作園：平、□。

二人付畜官。

二人徒養：臣、益。（第一欄）

二人作務：驚、□。

四人與吏上事守府。

五人除道沅陵。

三人作廟。

廿三人付田官。

三人削廷：央、閒、赫。

一人學車酉陽。

五人繕官：宵、金、⿸广悤、椑、鯉。

三人付叚（假）倉信。

二人付倉。
六人治邸。
一人取筡（篜）：廄。
二人伐槧：強、童。（第二欄）
二人伐材：剛、聚。
二人付都鄉。
三人付尉。
一人治觀。
一人付啓陵。
二人爲笥：移、昭。
八人捕羽：操、寬、未、衷、丁、圂、辰、卻。
八人與吏上計。
一人爲炭：劇。

九人上省。
二人病：復、卯。
一人傳送酉陽。（第三欄）
□□人。
□□十三人。
隸妾墼（繫）舂八人。
隸妾居貲十一人。
受倉隸妾七人。
•凡八十七人。
其二人付畜官。
四人付貳春。
廿四人付田官。
二人除道沅陵。

四人徒養：枼、痤、蔡、復。（第四欄）
二人取芒：阮、道。
一人守船：遏。
三人司寇：豉、䫉、款。
二人付都鄉。
三人付尉。
一人付邑。
二人付少內。
七人取笈（篜）：綰、林、嬈、粲、鮮、夜、喪。
六人捕羽：刻、婥、卑、□、娃、變。
二人付啓陵。
三人付倉。
一人付庫。（第五欄）

二人傳送酉陽。
一人爲笥：齊。
一人爲席：婍。
三人治枲：梜、茲、緣。
五人墼：婷、般、橐、南、儋。
二人上眚（省）。
一人作廟。
一人作務：青。
一人作園：夕。（第六欄）
·小城旦九人。
其一人付少內。
六人付田官。
一人捕羽：強。

一人與吏上計。

・小春五人。

其三人付田官。

一人徒養：姊。

一人病：談。（第七欄）　9-2294a+9-2305a+8-145正

卅二年十月己酉朔乙亥，司空手圂敢言之：寫上，敢言之。痤手。

十月乙亥水十一刻刻下二，佐痤以來。　9-2294b+9-2305b+8-145背

遷陵☐　8-146

☐鄉　8-147

☐□都鄉主□□☐　8-148

……

【司】空佐□二甲。

【司】空守謷三甲。

司空守巸三甲。

司空佐沈二甲。以。

□□□一盾。入。

庫武二甲。（第一欄）

庫佐駕二甲。

田官佐賀二甲。

髳長忌再□署。

校長予言貲二甲。

發弩□二甲。

倉佐平七【盾】。

田佐□一甲。（第二欄）

令佐圂一盾。

令佐最七甲。

令佐逌二甲。已利。

□廿錢。

更戍畫二甲。

更戍【五】二甲。

更戍【登】二甲。（第三欄）

更戍嬰二甲。

更戍□二甲。

更戍裚贖耐。二。

更戍得贖耐。

更戍堂贖耐。

更戍齒贖耐。

更戍暴贖耐。（第三欄） 8-149+8-489

⍁【年】課

⍁□課 8-150

遷陵已計：丗四年餘見弩臂百六十九。

・凡百六十九。

出弩臂四輸益陽。

出弩臂三輸臨沅。

・凡出七。

今九月見弩臂百六十二。 8-151

卅二年四月丙午朔甲寅，少內守是敢言之：廷下御史書舉事可爲恒程者、洞庭上帬（裙）直，書到言。今書已到，敢言之。（正）
四月甲寅日中，佐處以來。欣發。　處手。（背）　8-152

御史問直絡帬（裙）程書。　8-153

卅三年二月壬寅朔朔日，遷陵守丞都敢言之：令曰恒以朔日上所買徒隸數。•問之，毋當令者，敢言之。（正）
二月壬寅水十一刻刻下二，郵人得行。　圂手。（背）　8-154

四月丙午朔癸丑，遷陵守丞色下：少內謹案致之。書到言，署金布發，它如律令。欣手。四月癸丑水十一刻刻下五，守府快行少內。　8-155

廷主戶發。 8-156

卅二年正月戊寅朔甲午，啓陵鄉夫敢言之：成里典、啓陵
郵人缺。除士五（伍）成里匄、成，成爲典，匄爲郵人。謁令
尉以從事。敢言之。（正）

正月戊寅朔丁酉，遷陵丞昌卻之啓陵：廿七戶已有一典，今有（又）除成爲典，何律令
應尉已除成、匄爲啓陵郵人，其以律令。氣手。正月戊戌日中，守府快行。
正月丁酉旦食時，隸妾冉以來。欣發。 壬手。（背） 8-157

卅二年四月丙午朔甲寅，遷陵守丞色敢告酉陽
丞主：令史下絡帬（裙）直書已到，敢告主。（正）
四月丙辰旦，守府快行旁。 欣手。（背） 8-158

制書曰：舉事可爲恒程者上丞相，上洞庭絡帬（裙）程有□□□
卅二年二月丁未朔□亥，御史丞去疾：丞相令曰舉事可爲恒
程者□上帬（裙）直。即應令，弗應，謹案致……
……庭□。□手。（正）
三月丁丑朔壬辰，【洞庭】□□□□□□□□□□□
令□□□索、門淺、上衍、零陽□□□以次傳□□□□□
書到相報□□□□門淺、上衍、零陽言書到，署□□發。
□□□□一書以洞庭發弩印行事□□恒署。
酉陽報□□□署令發。四月□丑水十一刻刻下五，□□□□
遷陵□酉陽署令發。
□□□□【布令】□（背）　8-159

⍁舍夷陵⍁

⍁治所⍁　8-160

⍁□潁陰蘩陽東鄉

【戊午】⍁

己未

庚申，潁陰相來行田宇。　8-161+8-307

⍁□。

⍁寇。

⍁□。

⍁□。

⍁人守□。

⍁作園。

⍁畜官。

⍁□□令。

⍁□載粟輸。（第一欄）

二人付少內。

一人取角。

六人作廟。

二人伐竹。

七人□□。

二人爲庫取灌。

一□取□。

一人□笥。（第二欄）

小城旦十人。

其八人付田官。

二人載粟輸。（第三欄）　8-162

廿六年八月庚戌朔壬戌，厩守慶敢言之：令曰

司空佐貳今爲厩佐言視事日。•今以戊申

視事。敢言之。（正）

貳手。（背）　8-163

☑□年後九月辛酉朔丁亥，少內武敢言之：上計☑

□□而後論者獄校廿一牒，謁告遷陵將計丞☑

上校。敢言之。☑　8-164正+8-1475正

☑九月丁亥水十一刻刻下三，佐欣行廷。　欣手。☑　8-164背+8-1475背

☑□官田一☑

☑□在遷陵□□☑

☑尉府不令色□

☑□令田令史□審

☑□□卯，遷陵守

☑□□守府□行。（正）

☑□□☑（背）　8-165

8-166 綴合至 8-75

尉敬敢再捧（拜）謁丞公：校長寬以遷陵船徙卒史

【酉陽，酉陽】□□【船】□元（沅）陵，寬以船屬酉陽校長徐。今司空

□□□□□丞公令吏徒往取之，及以書告酉陽令

來歸之。盜賊事急，敬已遣寬與校長囚吾追求盜。　8-167正+8-194正+8-472+8-1011

發田官不得。者敢再捧（拜）謁之　8-167背+8-194背

☑輪（正）

虎☑（背）　8-168　原注釋：正背面書寫順序相反。

卅五年二月庚申朔戊寅，倉□擇敢言之：隸□饘爲獄行辟

書彭陽，食盡二月，謁告過所縣鄉以次牘（續）食。節（即）不

能投宿齎。遷陵田能自食。未入關縣鄉，當成齍，

以律令成齍。來復傳。敢言之。☑　8-169正+8-233+8-407+8-416+8-1185

☑擇手。　8-169背

廿八年五月己亥朔甲寅，都鄉守敬敢言之：☑

得虎，當復者六人，人一牒，署復□于☐

從事，敢言之。☐（正）

五月甲寅旦，佐宣行廷。☐（背） 8-170

它如□後句腹復（正）

金参後

金金金轂（背） 8-171

卌五年六月辛酉□拙詘之☐（正）

————————四升見

□ 史□（背） 8-172

卌一年六月壬午朔庚戌，庫武敢言之：廷書曰令史操律令詣廷讎，

署書到、吏起時。有追。•今以庚戌遣佐處讎。
敢言之。（正）
七月壬子日中，佐處以來。端發。　處手。（背）　8-173

8-174綴合至8-138

☒□敢言之：令曰上見輼輬軺乘車及
☒守府，今上當令者一牒，它毋（正）
☒□恒會正月七月朔日廷。
☒佐午行。　午手。（背）　8-175

遷陵庫吏有庫吏庫
武城武武武庫庫□壄鄉壄壄有論曰有有事□□有論未決有□有事造造琴有事

府府皆□有有有　有有令令事　8-176正+8-215正

□□□都吏……道庫庫……吏急□□□車車車車　庫吏……

都……□山山山□□□□□郡郡郡　8-176背+8-215背

（圖案）8-177正+8-328正+8-1679正

解☑　8-177背+8-328背+8-1679背

☑……卒□……陽□……□君子子廢【戍】

☑……時□……□署……□欣=卅四

☑【署】遷陵【毋】□已上□□今未

☑府下……籍遷陵報署……【以郵行】。（正）

☑　欣手。（背）　8-178

三月丙寅，田鼂敢言之☐（正）
受倉隸妾二人☐（背）　8-179

☐金□幾、具□☐　8-180

遷陵洞庭☐　8-181正+8-1676正
揚槃受□□□□□□□□□□☐
之。　8-181背+8-1676背

遷陵故令人
行洞庭，急。　8-182

卅四年十月戊戌朔辛丑，遷陵守【丞】說敢言之：上卅三

年黔首息秏八牒。敢言之。 8-183正+8-290正+8-530正

壬手。 8-183背+8-290背+8-530背

☑倉佐襄。

☑ 感手。 8-184

遷陵【洞】☑ 8-185

☑□沅陵獄史治所。 8-186

☑□陵洞庭 8-187

遷陵洞庭。 8-188

遷陵洞庭。 8-189

8-190 綴合至 8-130

【卅五年六月戊午朔】□□☒
□□□□□□□□□□☒（正）
□【月】□□【旦】□☒（背） 8-191

☒右□守丞章敢告武成（正）
☒□手。 □手。（背） 8-192

8-193 綴合至 8-130

8-194 綴合至 8-167

☒□雜具廷錢不□☒
☒報……☒（正）
☒不到遷陵故當☒
☒□□□令史可以☒（背） 8-195

卅一年五月壬子朔丁巳，都鄉□☒
受司空城旦一人、倉隸妾二人☒ 8-196 正+8-1521 正

☒□☒
五月丁巳旦，佐初以來。欣發。☒ 8-196 背+8-1521 背

卅四年正月丁卯朔辛未，遷陵守丞配敢言之：遷陵黔首☐
佐均史佐日有泰（大）抵已備歸，居吏柀繇（徭）使及☐
前後書，至今未得其代，居吏少，不足以給事☐
吏。謁報，署主吏發。敢言之。☐
二月丙申朔庚戌，遷陵守丞配敢言之：寫上☐
旦，令佐信行。（正）

報別臧。
正月辛未旦，居貲枳壽陵左行。☐（背）　　8-197

☐□遷陵丞昌下鄉官曰：各別軍吏。•不當令鄉官別書軍吏，軍吏及鄉官弗當聽。
☐其問官下此書軍吏。弗下下，定當坐者名吏里、它坐、訾能入貲不能，遣詣廷。
☐□獄東。義手。　　8-198正+8-213+8-2013正
【者】。萃手。旦，守府昌行廷。　　8-198背+8-2013背

卅年十二月乙卯，畜□□□作徒薄（簿）。☑

受司空居貲一人。☑

受倉隸妾三人。（第一欄）

☑□☑

【凡】☑

【一人】（第二欄）　　8-199正+8-688正

十二月乙卯，畜官守丙敢言之：上。敢言☑

十二月乙卯水十一刻刻下一，佐貳以來。☑　　8-199背+8-688背

秫卮秫求請得以卮求　　8-200正+8-296正

聿聿建安　　8-200背+8-296背

十一月辛亥，充戍敢告酉陽丞：騰真☐

十一月丙亥，酉陽守丞扶如敢告：尉主問☐（正）

十一月庚戍，尉佗敢言之：以卒簮□之□人☐（背）　8-201

遷陵☐（正）

遷遷遷遷☐（背）　8-202

遷陵洞庭☐（正）

□綽☐（背）　8-203

☐弗須☐　8-204正

☐【請】須報束☐　8-204背+8-1842

甲善告子率子☐（正）

……告☐

【九月戊子啓陵鄉守】觚敢【言】☐（背）　8-205

武關內史。（正）

進書李季□足

自發。（背）　8-206

☐□佐居將徒捕爰（猨）。

☐□二、黑爰（猨）一。

☐百五十人·皆食巴葵。（正）

☐□年（背）　8-207

8-208綴合至8-66

廿七年【八月丙戌，遷陵拔】訊歐，辭曰：上造居成固畜□□☐
□獄，歐坐男子毋害詐僞自☐（正）
·鞫歐：失捧（拜）騶奇爵，有它論，貲二甲□□□☐（背）　8-209

☐□□令史除、佐朝雜隄（題）遷陵丞歐前。
☐□□十七斗，斗五錢
☐□□
☐□□
☐□□等買
☐□
☐□□　8-210

稻五斗。　卅一年九月庚申，倉是、史感、【稟人】堂出稟隸臣▨

令史尚視平。　8-211　原注釋：左側刻齒爲「五斗」。

徑廥粟米一石九斗五升六分升五。　卅一年正月甲寅朔丁巳，司空守增、佐得出以食舂、小城旦

渭等卅七人，積卅七日，日四升六分升一。

令史□視平。　得手　8-212+8-426+8-1632

8-213 綴合至 8-198

卅三年

十一月盡

正月，吏戶已事。　8-214

8-215 綴合至 8-176

☐斗。　年九月丙辰朔己巳，司空守茲、佐得出以食舂、小城旦卻等五十二人，積五十二日，日四升六分升一。（A）

☐令史尚視平。　得手。　8-216+8-351+8-525

稻四斗八升少半半升。卅一年八月壬寅，倉是、史感、稟人堂出稟隸臣嬰自〈兒〉槐庫。令史悍平。　六月食。　感手。　8-217

原注釋：左側刻齒爲「四斗八升少半升」。

☐七鈞。　鈞六十六。　二石一鈞八斤四兩。　車二兩。　8-218

無把拔艳何可苛阿履手手手　8-219+8-310

☐爰書走使□☐

☐□罪郭、臣當☐

☐言之上謁以【臨】☐ 8-220

☐佐敬以來。圂發。 8-221

卅年月丙子朔朔日，安陽守丞

言之陽守丞，安陽。

廿五年六月丙子，計敢陽守敢言之。（第一欄）

凡有不當

律令者。（第二欄） 8-222+8-1039

啓陵鄉廿七年黔首將☑

□大男【子】一人。☑　8-223

其旁郡縣與梭（接）界者毋下二縣，以□爲審，即令卒史主者操圖詣
御史，御史案讎更并，定爲輿地圖。有不讎、非實者，自守以下主者　8-224+8-412+8-1415

天雨血，賜有病身疾，後書牒牘五上，謁令　8-225+8-302+8-1339+8-1786

☑一酉陽　8-226

☑柏所幸賜文黑得□☑　8-227+8-598+8-624

□□內史守衷下：縣以律令傳別□☑

縣界中□□者縣各別下書焉□▨

□□地□□□□報【沅】陽，言書到▨

□□□□□啇丞□下報啇，書到▨

十月丁巳，南郡守恒下真書洞庭▨

□□□手。 8-228

▨以律令從事，□□□走 8-229

遷陵洞庭。 8-230

詰卂（訊）兼寄戍卒大夫□食 8-231

丞遷大夫居雒陽城中能入貲在廷。 8-232

8-233 綴合至 8-169

⧄問此牒人除⧄　　8-234

⧄爲式十一牒　　8-235

留茲、乙各十四日、莊十二日⧄　　8-236

南里戶人大女子分。⧄
子小男子□⧄　　8-237

⧄大夫彊，下妻田京，癘，卌四年⧄　　8-238+8-585

☒□

☒□

☒□錢□。（第一欄）

一人徒養：渭。☒

一人載粟：畜。☒

·小春五人。☒

其三人付田。☒（第二欄） 8-239

少內 8-240

廷吏曹。☒ 8-241

☒辛車。 ·校之，充弗受。 8-242

☒尉 8-243

☒三人除道沅陵。

☒一人門。

☒一人乾（榦）荆（井）。（第一欄）

四人繕官。

二人爲匱。

一人徒養。（第二欄） 8-244

【遷】陵……吏□已□☒（正）

□☒（背） 8-245

訊敬，辭曰：□☒　8-246

☒【尉】府爵曹卒史文、守府戍卒士五（伍）狗以盛都結。

☒　式☒　8-247

☒勿留言瘳起☒　8-248

☒陵故令人☒

☒【行】洞庭☒　8-249+8-2065

啓陵鄉　8-250

⧄有應書者，爲奏當上薄（簿）⧄ 8-251

九月戊寅日中□⧄ 8-252

尉曹卅四年正月已事⧄ 8-253

卅四年，啓陵鄉見戶、當出戶賦者志。•當爲絲八斤十一兩八朱（銖）。
見戶廿八戶，當出繭十斤八兩。 8-254+8-518

覆獄沅陵獄佐
己治所遷陵傳洞庭。 8-255

⧄丞昌令史上主 8-256

粟米六十四石。　五年七月戊子朔丙辰，倉守擇受啓陵鄉　8-257+8-937+8-1078

☑□□狀□然而出不□□爲麥
☑□魯治麥鞠（麴）三　8-258　原注釋：左側刻齒爲「四」，與簡文內容有異。

卅五年正月庚寅朔癸巳，遷陵主守府廼卅☑
□□□□☑　8-259+8-1229

發粼☑　8-260

☑□宛
☑　感手。　8-261

☑　令史扁視平。

☑江西就旁。　富手。　8-262

廷戶曹發。　8-263

遷陵發丞

前，洞庭。　8-264

覆獄沅陵獄佐已治

在所洞庭。　8-265

廷主戶。　8-266

三萬九☑　8-267

☑止，當助臨沅毄盜☑　8-268+8-1416

資中令史陽里釦伐閱：

十一年九月隃爲史。

爲鄉史九歲一日。

爲田部史四歲三月十一日。

爲令史二月。（第一欄）

□計。

年卅六。（第二欄）

戶計。（第三欄）

可直司空曹。（第四欄）　8-269

8-270 綴合至 8-45

8-271 綴合至 8-29

私進遷陵主吏
毛季自發。　8-272

獄東曹書一封，洞庭泰守府，廿八年二月甲午日入時，牢人佁以來。　8-273+8-520

得歸不當……□守府敢辤（辭）⧄
卅三年六月庚子朔壬子，田守武敢言之：上辤（辭）一□⧄　8-274+8-2138

稻一石九斗少半斗。 卅一年八月辛巳倉☐ 8-275 原注釋：左側刻齒爲「一石九斗少半斗」。

☐鼎 8-276

☐……八十□☐ 8-277

☐□所遣乃 8-278

少內 8-279

☐發。 8-280

尉。 少內。 上。 8-281

卅五年五月己事束☐ 8-282+8-306

廷戶發 8-283

卅一年司空十二月以
來，居貲、贖、責（債）薄（簿），
盡三月城旦舂
廷。 8-284
畜官、

田官作徒
薄（簿），□及貳舂
廿八年。 8-285

☐洞庭☐ 8-286

卅四年五月乙丑，令☐ 8-287

……遷陵
☐□□□□□□□所用 8-288

遷陵以郵行□□☐
……☐ 8-289

8-290 綴合至 8-183

☐完城旦☐

☐隸臣妾☐　8-291

☐曰　史☐

☐以竹☐　8-292

8-293 綴合至 8-61

☐訊☐

☐弦☐　8-294

☑□書遷☑

☑它□家居☑ 8-295

8-296 綴合至 8-200

·傷一人，貲鄉部官【嗇】夫、吏、吏主
史主者各一盾。過一人，以人數☑ 8-297+8-1600

☑誨旦先食☑ 8-298

☑之□□少言☑ 8-299

鄉守履貲十四甲。☐
鄉佐就貲一甲。☐
鄉佐華貲六甲。☐　8-300

☐□多道亡事以故留或至三四　8-301+8-428

8-302 綴合至 8-225

遷陵主薄（簿）發洞庭。　8-303

遷陵金布發【洞】☐　8-304

遷陵洞庭。　8-305

8-306 綴合至 8-282

8-307 綴合至 8-161

田☐　8-308

遷陵貲萬□☐　8-309

8-310 綴合至 8-219

遷陵以郵
□【洞】庭。　8-311

☒少內　　8-312

少內公擇其美者異之冊可已急☒（正）

□☒（背）　　8-313

卂（訊）敬：令曰：諸有吏治已決而更治者，其罪節（即）重若　　8-1832+8-1418

益輕，吏前治者皆當以縱不直論。今留等當贖　　8-1133

耐，是即敬等縱弗論殹。何故不以縱論☒　　8-1132正

等何解辤（辭）曰：□等鞫獄弗能審，誤不當律。　　8-314

留等非故縱弗論殹，它如劾。　　8-1107

贖　　8-1132背　　按：以上諸簡內容可連讀。

當□□□可獄治□□☒ 8-315

☒年九月丁亥朔甲午，酈□☒ 8-316

原注釋：右側刻齒爲「五百二十」

☒敢言之：令曰□□前

☒□府，今牒書當令 8-317

卅二☒ 8-318

遷陵☒ 8-319

遷陵以郵行・洞庭。 8-320+8-388

遷陵以☒

洞庭☒　8-321

☒□取草☒

☒各戶衛（率）人□☒

☒□今未上【其】☒

☒【論】嗇夫吏☒　8-322

☒□劾越【死】☒　8-323

☒敢言之：洞庭叚（假）☒　8-324

☒【陵】□☒　8-325

☒羅

☒　感手。　8-326

☒【嬰】兒利☒　8-327

8-328綴合至8-132

☒□之☒

☒子朔辛卯，遷□☒

☒見與糞□☒　8-329

☒縣爵里　8-330

爲令佐守田□☒　　8-331

廷金☒　　8-332

遷陵洞庭。☒　　8-333

8-334 綴合至 8-132

倉☒　　8-335

悉求及☒　　8-336

☒得出以食春、小城旦□☒　　8-337

8-338 綴合至 8-115

☒□□☒　　8-339

疑□□☒　　8-340

高里公士印。　船☒　　8-341

☒今貳春鄉史☒　　8-342

☒陵守丞銜敢言之：【令】☒

☒守府・今上當令者二☒ 8-343+8-359

☒□惡及不具，惡及不具而 8-344

☒……□□□□□☒ 8-345

☒尉。 8-346

廷主吏發。 8-347

☒ 臂手。 8-348

☒□假追盜敦長更戍☒ 8-349

日得五錢三百五十□▨　8-350

8-351 綴合至 8-216

▨史付，遷陵佐▨　8-352

▨□貲貲鞫▨　8-353

今遷陵毋枲布▨　8-354

▨【黔】首習俗好本事不好末作，其習俗槎田歲更，以異中縣。　8-355

☐尉史據二甲。 8-356

☐【而】報曰毋有。 8-357

☐千二百七十六。卅一年六月己丑☐ 8-358

8-359 綴合至 8-343

遷陵☐

洞庭☐ 8-360

衡一□。☐

角弢二。☐

卮二。☐ 8-361

遷陵☐

洞☐ 8-362

☐□獄☐

☐□☐ 8-363

☐陵·洞【庭】☐ 8-364

☐傳舍發。 8-365

☐升泰半十一升列☐ 8-366

☐十月戶芻錢三百八十四。　卅五年三月□☐　8-367+8-559

移遷陵☐　8-368

☐午，倉歜敢言□☐

☐□□□今上當令者三牒□☐　8-369正+8-726正

☐如☐　8-369背+8-726背

廷☐　8-370

遷陵以郵行洞庭。　8-371+8-622

遷陵洞庭。　8-372+8-1337

☒一辰陽、一朐忍。廿八年九月辛丑，走起以來。　8-373

☒月己巳□□☒　8-374

司空曹書一封，丞印，詣零陽。七月【壬申】□□☒　8-375

☒一詣蒼梧尉府，一南鄭。·□□☒　8-376

遷陵☒　8-377

8-378綴合至8-22

□=…… 卅一年十二月□□，倉☑

□【視】平☑　8-379　原注釋：左側刻齒爲「二」。

給事故，毋它解，它如☑　8-380

☑□庫及少　8-381

☑遷陵洞☑　8-382+8-398

田課志。

髤園課。

·凡一課。　8-383+8-484

☒□□□☒
☒之毋☒　　8-384

☒□一石□☒　　8-385

8-386綴合至8-109

☒□士五（伍）□□☒
☒□□☒
☒□□□□☒　　8-387

8-388綴合至8-320

☒主貳春、都鄉□□□□□
吏卒、黔首及奴婢□　　8-389+8-404

8-390綴合至8-362

……
□船己☒
……　　8-391

☒來□☒　　8-392

成士五（伍）販☒　　8-393

☒【敢】言之令曰所爲☐☒
☒☐☐☐☐☐☐☒ 8-394

☒買蓐（耨）芋☒ 8-395

☒忍（正）
☒☐（背） 8-396

☒廷卒廷卒☐☒ 8-397

8-398 綴合至 8-382

⍁□□□□□⍁

……

⍁□五人。⍁

⍁□三人。⍁　8-399

⍁九月壬□⍁　8-400

⍁【千】四百九萬六千一百卌七⍁　8-401+8-436

⍁□欲□□⍁　8-402

⍁書不【別】⍁　8-403

8-404 綴合至 **8-389**

☑辛酉，倉守擇付庫建、車曹佐般受券。
☑臂手。 8-405

男子皇楗獄薄（簿）☑
廿六年六月癸亥，遷陵拔、守丞敦狐、史畸治☑ 8-406

8-407 綴合至 8-169

☑九斗有□☑ 8-408

廿八年八月乙酉，少內府敬出錢二千六百八十八☑ 8-409

廿八年，遷陵田車計府鴈（雁）門泰守府 ☒
【革】□二。 金釪鐶四。□□【別】□☒ 8-410

☒田 8-411

8-412 綴合至 8-224

遷陵以郵行洞【庭】。☒ 8-413

☒□丙子，史角訊☒ 8-414

☒手☒ 8-415

8-416 綴合至 8-169

遷陵▨ 8-417

▨適▨ 8-418

□及雞
遣市束
一薄（簿）。 8-419+8-612

▨□甲二買爵▨
▨□甲廿四未歸。▨
▨□甲八未歸。▨
▨二未歸。▨ 8-420

▨狐告啓陵▨
▨【啓】陵鄉聽▨ 8-421

8-422 綴合至 8-50

▨三萬▨ 8-423

……□敢言之□□□▨
▨斬▨
▨□之▨ 8-424

……⍁

□□勿留……⍁　8-425

8-426 綴合至 8-212

稍入不能自給卌六年徒□⍁　8-427

8-428 綴合至 8-301

罰戍士五（伍）資中宕登爽署遷陵書。⍁　8-429

丹陽公卒外里弆。⍁　8-430

▨高里士五（伍）▨　　8-431

遷陵以郵行
洞庭。　8-432

守府以恒恒賦遷陵券▨
三月甲辰，令佐華劾奏□▨
卅五年三月庚寅朔▨　　8-433

三月壹上發黔首有治爲不當計者守府
上薄（簿）式。　　8-434

不智（知）器及左劵在所未。　8-435

8-436 綴合至 8-401

邑小女子春□▨　8-437

卅二年十月辛酉到遷陵▨　8-438

廿五年九月己丑，將奔命校長周爰書：敦長買、什長嘉皆告曰：徒士五（伍）右里繚可，行到零陽廡谿橋亡，不智（知）內外，恐爲盜賊，敢告。（A）

繚可年可廿五歲，長可六尺八寸，赤色，多髮，未產須，衣絡袍一，絡單胡衣一，操具弩二、絲弦四、矢二百、鉅劍一、米一石五斗。（A）　8-439+8-519+8-537+8-1899

更　新陽曰☑　8-440

☑是之非是，今敬□☑　8-441

☑等訊☑　8-442

遷陵　洞庭☑　8-443

☑之。（第一欄）

【付】小隸妾八人。

六人付田官。

一人收傿：豫。（第二欄）　8-444

屯卒公卒朐忍固陽失自言：室遺廿八年衣用未得。今固陵　8-445

☑七萬五千五百八十四☑　8-446

繭六兩。　卅五年五月己丑朔甲□☑　8-447　原注釋：左側刻齒爲「六兩」。

☑年三月癸丑，倉守武、史感稟人堂出稟使小隸臣就。
令史犴視平。　8-448+8-1360

☑洞庭　8-449

☑舍□☑　8-450

廷。 8-451

☐丁丑，倉茲付司空守俱。 8-452

尉曹書三封，令印。
其一詣銷，
一丹陽，
一競陵，
廿八年九月庚子水下二刻，走祿以來。 8-453

課上金布副。
桼課。
作務。

疇竹。
池課。（第一欄）
園栗。
采鐵。
市課。
作務徒死亡。
所不能自給而求輸。（第二欄）
縣官有買用錢。鑄段（鍛）。
竹箭。
水火所敗亡。園課。采金。
貲、贖、責（債）毋不收課。（第三欄）　8-454

貳春鄉枝（枳）枸志。

枝（枳）枸三木☑
下廣一畝（第一欄）
格廣半畝，高丈二尺。
去鄉七里。
卌四年不實。（第二欄）　8-455

壬□謂☑　8-456

☑□日　8-457

遷陵庫真□。
甲三百卌九。
甲寃廿一。

鞮瞀卌九。（第一欄）
冑廿八。
弩二百五十一。
臂九十七。
弦千八百一。（第二欄）
矢四萬九百□
戟二百五十一。（第三欄）　8-458

☑死敢告贛即與☑
☑求菌叚（假）倉贛【敢】☑　8-459

令佐華視事卌七日。☑　8-460

⧄□。
⧄□。
⧄假□。
⧄□錢□。
□【如故】更□□。
□如故□□□。
□如故更事。
□如故更□。
□□如故更□□。
□如故【更】事□。
□如故更□。
□如故更廢官
□如故更予□。

更詑曰謾。
以此爲野。
歸戶更曰乙戶。
諸官爲秦盡更。
故皇今更如此皇。
故旦今更如此旦。
曰産曰族。
曰⿰五午曰荆。
毋敢曰王父曰泰父。
毋敢謂巫帝曰巫。
毋敢曰豬曰彘。
王馬曰乘輿馬。（第一欄）
泰【王】觀獻曰皇帝。

天帝觀獻曰皇帝。
帝子游曰皇帝。
王節弋曰皇帝。
王譴曰制譴。
以王令曰【以】皇帝詔。
承【命】曰承制。
王室曰縣官。
公室曰縣官。
內侯爲輪（倫）俟（矦）。
徹俟（矦）爲【死〈列〉】俟（矦）。
以命爲皇帝。
受（授）命曰制。
□命曰制。
爲謂□詔。
莊王爲泰上皇。
邊塞曰故塞。
毋塞者曰故徼。
王宮曰□□□。
王游曰皇帝游。
王獵曰皇帝獵。
王犬曰皇帝犬。
以大車馬爲牛車。
騎邦尉爲騎□尉。
郡邦尉爲郡尉。
邦司馬爲郡司馬。
乘傳客爲都吏。

大府爲守□公。
毋曰邦門曰都門。
毋曰公⿰土市曰□⿰土市。
毋曰客舍曰賓【飤】
舍。（第二欄）（正）
敢言之。
•九十八。（背）　　8-461

丞主移捕罪人及徒故囚符左四。符到爲報，署主符、令若丞
發。它如律令，敢告主。內官丞印行事。☑
卅五年三月庚子，泰山木功右□守丞勳追。☑　　8-462+8-685正
……□發　　8-685背

今《工律》曰：度繕其☑

□者佐工爲它□☑　8-463

府府年正月辛丑□☑　8-464

☑竸旁□□□□其☑　8-465

城父蘩陽士五（伍）枯取（娶）賈人子爲妻，戍四歲☑　8-466

孱陵。　8-467

☑過充□郵☑　8-468

遷陵・洞庭郡。 8-469

▨陵□□曰□不▨ 8-470

三人病。 8-471

8-472 綴合至 8-167

卅年七月丁巳朔戊▨

論，論言史（事）如▨ 8-473

徑廥粟米一石八斗七升半升。 卅一年正月甲寅朔己巳，司空守增、佐得出以□▨

令史犴視平。▨ 8-474+8-2075 原注釋：左側刻齒爲「一石八斗七升半升」。

書一封，·遷陵丞印，詣啓陵□。
卅五年六月甲子，隸妾孫行。 8-475+8-610

☑八月□☑
☑□□□☑
☑□曹□☑ 8-476

式謁臞季，臞季籍式診式，式願寫之。 8-477

☑二有柯。
☑□。（第一欄）
木反□四。
木長□一。（第二欄）
木□□一。
木長柯三。（第三欄）
盛錢木甲一。（第四欄）
木椶□☑
木梯一，不見。
卅二年正月戊寅朔丙戌，少內守是受司空
色。 痤手。（第五欄） 8-478

田官課志。
田□□課。（第一欄）
·凡一課。（第二欄） 8-479

司空曹計錄：
船計，
器計，（第一欄）
贖計，
貲責計，
徒計。（第二欄）
凡五計。
史尚主。（第三欄）　8-480

倉曹計錄：
禾稼計，
貸計，
畜計，（第一欄）
器計，
錢計，
徒計，
畜官牛計，
馬計，
羊計，
田官計。
凡十計。
史尚主。（第三欄）　8-481

【尉】課志：
卒死亡課，
司寇田課，（第一欄）

卒田課。

·凡三課（第二欄） 8-482

鄉課志：

□□□，

⧄□食□□課，（第一欄）

黔首曆課，

寡子課子課，

·凡四課。（第二欄） 8-483

8-484 綴合至 8-383

8-485 綴合至 8-75

司空課志：
□爲□□□
□課，
□□□□課，
春產子課，（第一欄）
□船課，☒
□□□課，☒
作務□□☒
……☒
……☒（第二欄）　8-486
丗四年八月癸巳朔癸卯，戶曹令史雗疏書廿八年以

盡卅三年見戶數牘北（背）、移獄具集上，如請史（事）書。雜手。 8-487+8-2004正

廿八年見百九十一戶。

廿九年見百六十六戶。

卅年見百五十五戶。

卅一年見百五十九戶。（第一欄）

卅二年見百六十一戶。

卅三年見百六十三戶。（第二欄） 8-2004背

戶曹計錄：

鄉戶計，

繇（繇）計，

器計，

租質計，（第一欄）

田提封計，
髤計，
鞫計。
·凡七計。（第二欄） 8-488

8-489 綴合至 8-149

畜官課志：
徒隸牧畜死負、剝賣課，
徒隸牧畜畜死不請課，
馬産子課，（第一欄）
畜牛死亡課，
畜牛産子課，
畜羊死亡課，
畜羊産子課。
·凡八課。（第二欄） 8-490+8-501

☐【百】九十八，司空☐
☐【升】泰半升，倉☐
☐男五十女廿二，倉☐ 8-491

覆獄沅陵獄佐已治在所洞庭。 8-492

金布計録：
庫兵計，
車計，（第一欄）

工用計，

工用器計，

少內器計，（第二欄）

【金】錢計，

凡六計。（第三欄）　8-493

遷陵☑　8-494

倉課志：

畜彘雞狗產子課，

畜彘雞狗死亡課，

徒隸死亡課，

徒隸產子課，（第一欄）

作務產錢課，

徒隸行繇（繇）課，

畜鴈死亡課，

畜鴈產子課。（第二欄）

·凡☐（第三欄）　8-495

司空

【倉】曹期　8-496

☐……☐

☐　令佐□☐　8-497　原注釋：刻齒模糊不能辨。

吏貣當展約。☐　8-2037正

十五分日二四斗者六錢。
二斗九十分日五十一。 8-498+8-2037背

□作□□牘☐ 8-499

丗七年，廷
倉曹當
出券□一。 8-500

8-501綴合至8-490

丗□年三月囗薄（簿）
曹卒□盡□來

□□□□□
□□□已。 8-502

……
匬分☐
謾☐ 8-503

遷陵以郵行·洞庭。 8-504+8-563

☐遷陵丞昌☐ 8-505

廷金布發。 8-506

遷陵洞庭。 8-507

歲不計，甚不應律書到嗇夫 8-508

庫。 8-509

訊阮，阮辤（辭）☐ 8-510

粟米四石。 卌☐ 8-511

原注釋：左側刻齒可見「三」，以下殘斷。

☐捕傳詣己治所。·問之卻 8-512

遷陵洞庭。 8-513

8-514 綴合至 8-22

遷陵洞庭。 8-515

倉。 8-516

▨萬，毋見【錢】，謁▨ 8-517+8-619

8-518 綴合至 8-254

8-519 綴合至 8-439

8-520 綴合至 8-273

▨妾嬰兒益來。

▨ 感手。 8-521

8-522 綴合至 8-138

8-523 綴合至 8-138

遷陵洞庭。 8-524

8-525 綴合至 8-216

☐廷主吏　發勿留。（正）

☐敢

☐□書□敢贛□公□□（背）　8-526

少內。☐（正）

遷陵以郵利足行洞☐（背）　8-527

☐御史聞代人多坐從以毄，其御史往行，□其名□所坐以毄☐

縣官奏軍初□□到使者至，其當於秦下令毄者，衛（率）署其所坐☐

令且解盜戒（械），卅五年七月戊戌，御史大夫綰下將軍下令叚（假）御史謷往行☐

☐下書都吏治從人者，□大□□□下校尉主軍□都吏治從☐

書從事各二牒，故何邦人爵死越令從及有以當制【秦】☐　8-528正+8-532正+8-674正

☐書亟言求代盜書都吏治從人者所毋當令者☐

☐□留曰騎行書留。□手。☐　　8-528背+8-532背+8-674背

贛弩用白布丈七尺。

灑桼用白布六尺（正）。

大一七弩。大二件將。☐

小六頡卌弩。

□□□　弩傳榦。（背）　　8-529

8-530綴合至8-183

卅二年☐

□☐　　8-531

8-532 綴合至 8-528

戍有罪爲鬼薪。

齰城旦。

贏城旦。

欬城旦。

瘳城旦。（第一欄）

滕司寇。☐

澮司寇。☐（第二欄） 8-533

☐□言爲人白皙色，隋（橢），惡髮須，長可七尺三寸，年可六十四。

☐燕，今不智（知）死產、存所，毋內孫。 8-534

⧄……問之□⧄　8-535

請程，問之遷陵⧄　8-536

8-537 綴合至 8-439

有□丑沼里士五（伍）析鄉守逢。　8-538

遺瘳有書，非直叚（假）之毆。　8-539

⧄□封遷陵印□⧄
⧄卯水下四刻⧄　8-540

⧄□角⧄
⧄急⧄　8-541

⧄　如⧄　8-542

⧄圖西水⧄
⧄酉陽圖□⧄
⧄界不□事⧄　8-543+8-667 正
⧄此貲⧄　8-667 背

⧄□□□⧄
⧄□□曰者□　今問之□⧄
⧄言之⧄　8-544

廷金布⧄　8-545

8-546 綴合至 8-98

敢言之：問容道臨沅歸。審。容及其贖前書　8-547+8-1068

取車衡榦大八寸，袤七尺者二枚。　□□⧄　8-548

⧄【恒以朔】　8-549

嬒皙色，長二尺五寸，年五月，典和占。
浮皙色，長六尺六寸，年卅歲，典和占。　8-550

☑留薄（簿）牒上，敢言之。☑ 8-551

卅二年，遷陵積戶五萬五千五卅四。 8-552

遷陵 洞庭。 8-553

廷吏曹。 8-554

遷陵以郵
行洞庭。 8-555

遷陵 洞庭。 8-556

☐□能審，誤不當律令□☐　8-557

☐年二月戊辰前且在□☐　8-558

8-559綴合至8-367

用錢八萬，毋見錢。府報曰取臧錢臨沅五　8-560

牝豚一。　丗三年二月壬寅朔庚戌，少內守履付倉是。☐　8-561　原注釋：左側刻齒爲「一」。

☐年二月庚寅朔朔日，倉守擇付庫建。車曹。

☐　8-562+8-1820

8-563 綴合至 8-504

傳☑　　8-564

尉廣貲四甲。　校長舍四甲。☑

佐犴四甲。貲已歸。☑　　8-565

吳釵鉩☑　　8-566

☑人繕官府：【羅】☑

☑人爲司寇：愛☑　　8-567

☑□官，官嗇夫☑

☑不得者數☑　　8-568

【三人】□□□□□

二人繕官府：羅、梬。

……☑　　8-569

敢之言其其□務跋　　8-570

☑□＝　急書□☑

☑□五月甲□☑　　8-571

☑……

甬食薄（簿）☐　8-572

☐□=部盗☐
☐□縣道□☐　8-573

☐□盗賊☐　8-574

☐□朔丁卯，司空守悍、佐得出以食☐
☐史犴視平。　☐　8-575

☐□□□□☐　8-576

☐皆旦日相與會□☐　8-577

貳春鄉☐　8-578

遷陵主倉發。　8-579

貳春鄉佐壬，今田官佐。　8-580

☐用檀木。　8-581

☐尉☐　8-582

☐入給予☐　8-583

器贏及不備⍁　8-584

8-585 綴合至 8-283

⍁發　8-586

⍁□　8-587

……　8-588

遷陵⍁
行⍁　8-589

毋以爲
卻之　8-590

⍁□發。　8-591

遷陵⍁　8-592

⍁前　8-593

賦下田官，久矣。⍁　8-594

田⍁　8-595

粟米十石。　卅五年八月丁巳朔☐　8-596

8-597 綴合至 8-102

8-598 綴合至 8-227

☐書，辤（辭）曰：受書☐　8-599

聽勿敢聽不從，令貲二甲。　8-600+8-637+8-1890

主令發。　8-601

☐【年九月□□朔□□遷陵丞□】☐

☐志四牒。有不定者，言謁令【饒定。敢告主】。 8-602+8-1717+8-1892+8-1922

☐者 8-603

疑未有代☐ 8-604

☐□車□□ 8-605

☐斗。 卅一年三月癸丑，倉守武、史感□☐

☐ □□☐ 8-606 原注釋：左側刻齒可見者爲「二斗半斗」。

☐爲除

☐章圖笘 8-607